人民群众与"四个全面"研究丛书

王炳林 主编

人民群众与全面从严治党

陈跃等 著

中国言实出版社

图书在版编目（CIP）数据

人民群众与全面从严治党 / 陈跃等著. -- 北京：中国言实出版社，
2019.12

（人民群众与"四个全面"研究丛书 / 王炳林主编）

ISBN 978-7-5171-3008-6

Ⅰ. ①人… Ⅱ. ①陈… Ⅲ. ①中国共产党—群众路线—研究
②中国共产党—党的建设—研究 Ⅳ. ①D252②D26

中国版本图书馆 CIP 数据核字（2019）第 030585 号

出 版 人　王昕朋
总 监 制　朱艳华
责任编辑　张　丽
责任校对　史会美
出版统筹　胡　明
责任印制　佟贵兆
封面设计　徐　晴

出版发行　**中国言实出版社**
　　　　　地　　址：北京市朝阳区北苑路 180 号加利大厦 5 号楼 105 室
　　　　　邮　　编：100101
　　　　　编辑部：北京市海淀区北太平庄路甲 1 号
　　　　　邮　　编：100088
　　　　　电　　话：64924853（总编室）64924716（发行部）
　　　　　网　　址：www.zgyscbs.cn
　　　　　E-mail：zgyscbs@263.net
经　　销　新华书店
印　　刷　北京虎彩文化传播有限公司
版　　次　2019 年 12 月第 1 版　　2019 年 12 月第 1 次印刷
规　　格　710 毫米 × 1000 毫米　1/16　10.25 印张
字　　数　175 千字
定　　价　48.00 元　ISBN 978-7-5171-3008-6

总　序

王炳林

　　把党的群众路线贯彻到治国理政全部活动之中，是中国共产党践行全心全意为人民服务根本宗旨的必然要求。"四个全面"战略布局是时代和实践发展对党和国家工作的新要求。对人民群众与"四个全面"战略布局的关系进行深入研究，既有助于深化对以人民为中心的发展思想的认识，也有助于充分调动广大人民群众的积极性和创造性，协调推进"四个全面"战略布局。

　　历史唯物主义认为，人民群众是历史的创造者，是推动社会发展的根本力量。作为习近平新时代中国特色社会主义思想的重要内容，"四个全面"战略布局鲜明体现着历史唯物主义这一最基本的道理。"四个全面"战略布局不仅是从人民群众的热切期待中得出来的战略思想，而且是解决人民群众关心的突出矛盾和问题的战略举措。习近平总书记强调，我们要紧紧依靠人民，从人民中汲取智慧，从人民中凝聚力量，按照全面建成小康社会、全面深化改革、全面依法治国、全面从严治党的战略布局，更加扎实地推进经济发展，更加坚定地推进改革开放，更加充分地激发创造活力，更加有效地维护公平正义，更加有力地保障和改善民生，更加深入地改进党风政风，为国家增创更多财富，为人民增加更多福祉，为民族增添更多荣耀。这一重要论述，深刻指明了"四个全面"战略布局鲜明的人民立场，彰显了以习近平同志为核心的党中央坚持以人民为中心的执政理念、心系人民群众的真挚情怀，为我们正确认识人民群众与"四个全面"战略布局之间的关系提供了根本遵循。

　　人民群众与全面建成小康社会。全面提高人民生活水平是全面建成小康社会的重要目标。出自《礼记·礼运》的"小康"概念，表达了人民群众对安定、幸福生活的恒久守望。中国共产党使用"小康"这个概念，既顺应了

1

人民对美好生活的向往，也容易得到广大人民的理解和支持。人民"期盼有更好的教育、更稳定的工作、更满意的收入、更可靠的社会保障、更高水平的医疗卫生服务、更舒适的居住条件、更优美的环境，期盼着孩子们能成长得更好、工作得更好、生活得更好"，这是习近平总书记在十八届中央政治局常委同中外记者见面时用群众语言对全面小康作的形象表达。全面建成小康社会的标准，最终要体现在增进人民福祉、提高人民生活水平上。党的十八大报告把城乡居民人均收入到2020年比2010年翻一番作为全面建成小康社会的一个标准，就体现了这一点。全面建成小康社会，是实现中华民族伟大复兴中国梦的关键一步，展现了中国特色社会主义事业全面发展的美好前景。美好的蓝图不会自动实现，离不开人民群众的劳动和奉献。党的十九大报告指出，从现在到2020年，是全面建成小康社会决胜期。要打赢全面建成小康社会攻坚战，如期实现全面建成小康社会的奋斗目标，必须充分调动人民群众的积极性主动性创造性，最广泛地动员和组织人民群众积极投身全面建成小康社会的伟大实践，让广大人民群众献计献策献力。人人都是全面小康社会建设的主体，人人也应当享受小康成果。全面建成小康社会的核心在"全面"，这个"全面"体现在覆盖人群上就是包括全体人民的小康；体现在覆盖地区上就是不分地区的小康，意味着全国各地都要迈入小康社会。习近平总书记一再强调，全面建成小康社会，"最艰巨最繁重的任务在农村，特别是在贫困地区""小康不小康，关键看老乡""一个民族都不能少""决不能让一个苏区老区掉队"。这充分说明，全面建成小康社会还要求推动经济社会协调发展，推进城乡发展一体化，推动区域经济协调发展，逐步实现全体人民共同富裕和社会公平正义。

人民群众与全面深化改革。一切为了人民是全面深化改革的出发点和落脚点，坚持以人民为中心是全面深化改革的基本原则。习近平总书记指出："我们推进改革的根本目的，是要让国家变得更加富强、让社会变得更加公平正义、让人民生活得更加美好。"改革开放40多年来，我们党之所以能够得到广大人民群众的拥护和支持，最根本的原因就是人民群众从改革发展中得到了实实在在的"红利"，人民群众生活水平得到显著提高。改革开放以来，我国农村7亿多贫困人口摆脱贫困，贫困发生率由1978年的97.5%下降到2018年的1.7%，创造了人类减贫史上的中国奇迹。2018年，全国居民人均可支配收入

28228元，扣除价格因素，比1978年实际增长20多倍。同时，我国城乡免费义务教育全面实现，建成了世界最大的社会保障体系，社会大局保持长期稳定，成为世界上最有安全感的国家之一。新时代推动全面深化改革，要继续站在最广大人民群众的立场上，积极回应广大人民群众的强烈呼声和殷切期待，以实现最广大人民的利益为目标，积极解决产生社会矛盾和问题的体制机制问题，大力保障人民群众的经济、政治、文化权益，不断实现好、维护好、发展好最广大人民群众的切身利益，切实增强人民获得感、幸福感、安全感。作为建设中国特色社会主义事业的主体，人民群众是全面深化改革的主体和力量源泉。当前，全面深化改革，面临的困难前所未有，面临的挑战前所未有，其复杂程度、敏感程度、艰巨程度，一点都不亚于40年前。只有充分调动人民群众的积极性、主动性、创造性，从人民群众中汲取智慧和力量，全面深化改革才能实现既定目标。"大鹏之动，非一羽之轻也；骐骥之速，非一足之力也。"习近平总书记指出："只要我们紧紧依靠人民，就没有战胜不了的艰难险阻，就没有成就不了的宏图大业。"全面深化改革，就要坚持和贯彻党的群众路线，尊重人民主体地位，发挥人民主人翁精神，最广泛地动员和组织人民参与改革之中，让广大人民成为改革的推动者而不是被动接受者；要把自上而下的改革和自下而上的改革结合起来，鼓励地方、基层和群众大胆探索、大胆试验，激发人民的创造热情，加强重大改革试点工作，重视发挥各类综合配套改革试验区的示范带动作用；要把人民群众作为推进改革的主心骨，坚持问政于民、问需于民、问计于民，广泛听取基层和群众意见，遇到改革难题要虚心向基层请教，让每一项改革方案广泛集中民智、聚集民力。人民群众是全面深化改革开放的主体，也理当为全面深化改革成果的共享者。全面深化改革，要逐步打破体制壁垒，扫除身份障碍，建立以权利公平、机会公平、规则公平为主要内容的社会公平保障体系，努力克服由人为因素造成的有违公平正义的现象，营造公平的社会环境，保证人民平等参与、平等发展的权利，让人民共同享有人生出彩的机会，共同享有梦想成真的机会，共同享有同祖国和时代一起成长与进步的机会；坚持和完善社会主义基本经济制度和分配制度，在做大"蛋糕"的同时分好"蛋糕"，努力缩小城乡、区域、行业收入分配差距，推动社会朝着共同富裕的方向稳步前进。

人民群众与全面依法治国。法治建设为了人民、依靠人民、造福人民、保护人民，是全面依法治国的根本出发点和落脚点。坚持法治建设为了人民，就要求立法、执法、司法等社会主义法治各个环节，始终站在最广大人民群众的立场上，充分体现人民群众的意愿和要求，时刻为人民群众着想，努力为人民群众排忧解难，切实维护人民群众各种正当权益，尽可能为人民群众行使权利和履行义务提供各种便利，减少人民群众参与司法活动的成本。全面推进依法治国是一个系统工程，是国家治理领域一场广泛而深刻的革命，涉及立法、执法、司法、守法等各个环节，涉及领导干部和广大群众法治理念的转变，涉及司法体制的深刻改革，遇到的困难和挑战都是严峻的、巨大的。只有紧紧依靠群众，让广大群众参与到法治建设中，法治建设才能得以顺利推进，全面推进依法治国的总目标才能实现。比如，科学立法是全面推进依法治国的首要环节，而立法的基础是人民群众的社会实践，从一定意义上说，法律就是人民群众社会实践经验的总结。只有坚持走群众路线，紧紧依靠群众，开门立法、民主立法，让广大人民群众参与法律的制定和修改，广泛听取人民群众的意见和建议，制定的法律才有坚实的群众基础，才更有针对性和可操作性。再比如，全民守法是全面推进依法治国的基础环节，是法律"落地生根"的保证，而增强全民法治观念只能靠人民群众思想素质、法律意识的提高。正如法国思想家卢梭所说："一切法律中最重要的法律，既不是刻在大理石上，也不是刻在铜表上，而是铭刻在公民的内心里。"公平正义是司法的灵魂，是法治的生命线。全面依法治国，必须紧紧围绕保障和促进公平正义来推进，把公平正义的价值理念贯穿到社会主义法治实践中，依法加强和规范公共服务，完善教育、就业、收入分配、社会保障、医疗卫生、食品安全、扶贫、慈善、社会救助和妇女儿童、老年人、残疾人合法权益保护等方面的法律法规；完善司法管理体制和司法权力运行机制，规范司法行为，加强对司法活动的监督，维护人民群众的合法权益，努力让人民群众在每一个司法案件中都感受到公平正义。

人民群众与全面从严治党。人民立场是党的根本政治立场，全心全意为人民服务是党的根本宗旨，代表最广大人民群众的根本利益是党的性质的体现。全面从严治党，勇于自我革命，推进新时代党的建设，解决党自身突出问题，增强"四个意识"，坚定"四个自信"，做到"两个维护"，目的是永葆党的性质宗旨，更好地为人民服务，实现人民群众的利益。党章明确规定，党除了工人阶级和最广大人民群众的利益，没有自己特殊的利益。中国共产党党内存在的一些问题，特别是贪污腐败、官僚主义、形式主义、享乐主义、奢靡之风等，都是与党的性质宗旨相违背的，都侵犯了人民群众的利益。民心是最大的政治，正义是最强的力量。我们党坚持党要管党、全面从严治党，坚持思想教育从严、干部管理从严、作风要求从严、组织建设从严、制度执行从严，以零容忍态度严厉惩治腐败，就是要确保立党为公、执政为民，把人民放在心中最高位置，为人民谋利造福，树立党在人民群众心中的良好形象，增强人民群众对党的信任和支持，厚植党执政的群众基础。人民群众中蕴藏着治国理政、管党治党的智慧和力量，全面从严治党关门进行不行，必须紧紧依靠人民。习近平总书记强调，让人民支持和帮助我们从严治党，要注意畅通两个渠道，一个是建言献策渠道，一个是批评监督渠道。全面从严治党，就要充分发挥人民建言献策和监督作用，多听取人民的批评建议，多鼓励人民举报监督，以人民满意为标准，从人民的批评建议中发现问题，从人民的支持、监督中汲取力量。

基于上述认识和理解，教育部习近平新时代中国特色社会主义思想研究中心组织相关领域专家编写了这套丛书。该套丛书共四册，分别论述了人民群众在"四个全面"战略布局中每一个"全面"中所具有的地位作用、价值意义，以及每一个"全面"如何体现以人民为中心的根本立场、如何贯彻党的群众路线。这样的选题，是一个创新，难度可想而知，参与研究的专家学者付出了辛勤的劳动。当然，无论框架结构还是内容论述，都有待不断完善和深化，希望读者提出宝贵意见和建议。这套丛书若能对广大读者有所启发，那将让我们感到莫大的欣慰和鼓舞！

2019年2月

目　录

第一章　人民立场是党的根本政治立场

习近平总书记在庆祝中国共产党成立95周年大会上的讲话中指出："人民立场是中国共产党的根本政治立场，是马克思主义政党区别于其他政党的显著标志。"①这深刻地阐明了中国共产党的性质和宗旨，体现了中国共产党与中国人民根本利益共同体和命运共同体的核心内容，明确了中国共产党相信人民、依靠人民、维护人民的实质所在，是新时代正确处理中国共产党和人民群众关系的行动指针。

一、坚持人民立场是党的性质和宗旨的本质体现

中国共产党是以马克思主义为指导的，代表无产阶级和广大劳动人民利益的政党。早在171年前，马克思、恩格斯在《共产党宣言》中明确指出："过去的一切运动都是少数人的，或者为少数人谋利益的运动。无产阶级的运动是绝大多数人的，为绝大多数人谋利益的独立的运动。"②共产党人作为运动的领导者和组织者，始终走在运动的前列，代表着运动的利益，引领着运动发展的方向。因此，"他们没有任何同整个无产阶级的利益不同的利益"③。"在无产者不同的民族的斗争中，共产党人强调和坚持整个无产阶级共同的不分民族的利益"④。中国共产党是把马克思主义基本理论与中国工人运动相结合而建立起来的无产阶级政党，《中国共产党章程》明确规定：中国共产党是

① 习近平：《在庆祝中国共产党成立95周年大会上的讲话》，《人民日报》2016年7月2日，第2版。
② 马克思、恩格斯：《共产党宣言》，人民出版社2014年版，第39页。
③ 马克思、恩格斯：《共产党宣言》，人民出版社2014年版，第41页。
④ 同上。

中国工人阶级的先锋队，同时是中国人民和中华民族的先锋队，是中国特色社会主义事业的领导核心，代表中国先进生产力的发展要求，代表中国先进文化的前进方向，代表中国最广大人民的根本利益。《中国共产党章程》的规定既是对中国共产党性质的精确表达，也是对马克思恩格斯无产阶级政党理论的时代阐释。

（一）中国共产党是中国人民根本利益的代表者

中国特色社会主义进入新时代，站在中国发展新的历史方位，充分认识中国共产党是中国人民根本利益的代表者，是不忘初心、牢记使命的时代要求，是坚持党与人民群众密切联系、体现人民立场就是党的根本政治立场的根本要求。中国共产党是中国工人阶级的先锋队，同时是中国人民和中华民族的先锋队，"两个先锋队"定格了党的性质，定格了党与人民群众的本质联系，定格了中国共产党成长、发展的奋斗历史。早在1944年9月，毛泽东在《为人民服务》的著名演讲中说："我们的共产党和共产党所领导的八路军、新四军，是革命的队伍。我们这个队伍完全是为着解放人民的，是彻底地为人民的利益工作的。"[①]这就清楚地表明，中国共产党是为中国人民和中华民族的根本利益而产生的，始终是人民利益的代表者和践行者，始终站在人民的立场来分析和看待各种问题。

中国共产党作为人民根本利益的代表者，在不同的历史时期和历史阶段，始终坚持党的历史使命与人民的根本利益相结合，提出党的历史任务。在民主革命时期，中国共产党面对半殖民地半封建社会环境下国家四分五裂、人民群众受剥削压迫的悲惨境地，提出了争取国家独立、人民解放的历史任务，并积极带领中国人民经过艰苦奋斗、浴血奋战，推翻了帝国主义、封建主义和官僚资本主义的统治，建立了新中国，实现了国家独立、人民解放的奋斗目标，深得人民群众的拥护和支持。在社会主义建设和改革开放时期，面对落后的经济文化远远不能满足人民群众的物质文化需要的社会现实，中国共产党提出了国家富强、人民幸福的历史任务，并带领人民进行了社会主义建设道路的探索。特别是在改革开放新时期，中国共产党在大力发展生产力、

---

① 《毛泽东选集》第三卷，人民出版社1991年版，第1004页。

推动经济社会全面发展的基础上，使国家由弱变强，使人民群众的生活水平和质量发生了巨大变化，不仅解决了温饱，奔向了小康，而且正全力迈向全面小康，逐步走上富裕之路，追求更加美好的生活。历史证明，中国共产党98年的发展历史，就是一部为中国最广大人民根本利益不懈奋斗的历史，也是一部党的利益与人民利益融合发展的历史。

（二）中国共产党是为人民根本利益服务的政党

全心全意为人民服务是中国共产党的根本宗旨，是中国共产党的全部价值所在。马克思、恩格斯在《共产党宣言》中指出："共产党人同其他无产阶级政党不同的地方只是：一方面，在无产者不同的民族的斗争中，共产党人强调和坚持整个无产阶级共同的不分民族的利益；另一方面，在无产阶级和资产阶级的斗争所经历的各个发展阶段上，共产党人始终代表整个运动的利益。"[①]这是马克思、恩格斯创立无产阶级政党时所明确的价值追求和行动宗旨。根据马克思、恩格斯的建党理论，结合中国共产党在中国革命中的地位和作用，毛泽东系统地阐述了为人民服务的理论。他强调："共产党是为民族、为人民谋利益的政党，它本身决无私利可图。"[②]"全心全意地为人民服务，一刻也不脱离群众；一切从人民的利益出发，而不是从个人或小集团的利益出发；向人民负责和向党的领导机关负责的一致性；这些就是我们的出发点。"[③]"我们这个队伍完全是为着解放人民的，是彻底地为人民的利益工作的。"[④]"我们共产党人区别于其他任何政党的又一个显著的标志，就是和最广大的人民群众取得最密切的联系。"[⑤]"应该使每一个同志懂得，只要我们依靠人民，坚决地相信人民群众的创造力是无穷无尽的，因而信任人民，和人民打成一片，那就任何困难也能克服，任何敌人也不能压倒我们，而只会

---

① 马克思、恩格斯：《共产党宣言》，人民出版社2014年版，第41页。

②《建党以来重要文献选编（1921—1949）》第十八册，中央文献出版社2011年版，第679页。

③《十七大以来重要文献选编》下，中央文献出版社2013年版，第102页。

④《建党以来重要文献选编（1921—1949）》第二十一册，中央文献出版社2011年版，第490页。

⑤《十七大以来重要文献选编》下，中央文献出版社2013年版，第102页。

被我们所压倒。"①党的七大把全心全意为人民服务正式写入党章，并强调："中国共产党人必须具有全心全意为中国人民服务的精神，必须与工人群众、农民群众及其他革命人民建立广泛的联系。"②以后历次党的代表大会都坚持把全心全意为人民服务的要求写入党章，使之成为我们党一直坚持的唯一宗旨，成为我们党始终高扬的一面旗帜。这不仅体现了中国共产党党性的根本要求，而且充分彰显了中国共产党人的人民情怀。

在庆祝中国共产党成立95周年大会讲话中，习近平总书记站在历史发展的新高度再一次强调，全党同志要把人民放在心中最高位置，要坚持全心全意为人民服务的宗旨，实现好、维护好、发展好最广大人民的根本利益。这就清楚地告诉全体党员特别是党的干部，要牢记人民群众利益无小事，坚持把人民群众利益放在第一位，把人民群众时刻挂在心上，想人民之所想、急人民之所急，真心诚意地为人民办实事、解难事、做好事，以人民拥护不拥护、赞成不赞成、高兴不高兴、答应不答应作为衡量一切工作得失的根本标准，从而巩固和加强党和人民群众的密切联系，建立与新环境相适应的鱼水之情。

（三）坚持人民立场与坚持党的立场的一致性

关于人民立场与党的立场的关系问题，其实质是人民性与党性的关系问题。

关于人民性和党性的关系问题，马克思主义经典作家没有明确的论述，无论是马克思、恩格斯还是列宁，他们都只是从不同的角度谈到党性和人民性问题，没有把二者结合起来分析。在党性问题上，马克思、恩格斯更多的是在批判各种社会主义思潮中强调理论所体现的党性和阶级性问题。早在1845年，恩格斯在批判"真正社会主义"时，明确指出："这种社会主义，由于自己在理论领域中没有党性，由于自己的'思想绝对平静'而丧失了最后一滴血、最后一点精神和力量。"③恩格斯在此显然是把党性与理论的批判性

---

① 《建党以来重要文献选编（1921—1949）》第二十二册，中央文献出版社2011年版，第190页。

② 《邓小平文集（一九四九——一九七四年）》上卷，人民出版社2014年版，第256～257页。

③ 《马克思恩格斯全集》第二卷，人民出版社1957年版，第659页。

和阶级性结合在一起来论述的。1847年，马克思、恩格斯针对共产主义者同盟的非正式机关报《德意志—布鲁塞尔报》，认为它是一份彻头彻尾的党派性报纸，具有鲜明的党派性特征。这里用的"党派性"，实质上指的就是该报应有的党性。这应该是马克思、恩格斯最早提到的党性概念。列宁更加明确地提出了党性原则问题，他在1905年写的《社会主义政党和非党的革命性》中指出："严格的党性是阶级斗争高度发展的伴随现象和产物。反过来说，为了进行公开而广泛的阶级斗争，必须发展严格的党性。因此，觉悟的无产阶级的政党——社会民主党，完全应该随时同非党性作斗争，坚持不懈地为建立一个原则坚定的、紧密团结的社会主义工人政党而努力。"①同时列宁在1905年的《党的组织和党的出版物》一文中提出，党的报刊是党的事业的一部分，不同党保持组织上的关系的党的报刊一律不得存在，强调："社会主义无产阶级应当提出党的出版物的原则，发展这个原则，并且尽可能以完备和完整的形式实现这个原则。"②使党性概念具体化、明确化了。关于人民性问题，据资料显示，马克思首次谈到人民性问题是在1839年写的《关于伊壁鸠鲁哲学笔记》中，他针对少数哲学家指出，这些哲人和奥林帕斯山上的诸神的塑像一样极少人性。随后在1842年，马克思在《莱茵报》编辑部工作时，又提出报刊人民性的概念。他认为，报刊应该"生活在人民当中，它真诚地和人民共患难、同甘苦、齐爱憎"。列宁在批判民粹主义时涉及人民性，他指出："民粹主义的内容是反映了俄国小生产者的观点和利益。理论的'人道性和爱人民性'是我国小生产者受压抑的结果，这些小生产者由于'旧贵族'制度和传统的束缚，由于大资本的压迫而遭受了深重的苦难。"③

真正阐明党性与人民性关系问题的是中国共产党人。1944年，延安《解放日报》在创刊1000期的社论中明确表示，我们的报纸是中国共产党的党报，是人民大众的报纸，这是我们这个报纸的第一个特点。这是从新闻报纸的视角阐明了中国共产党的党性与人民性的关系。1947年1月11日，《新华日报》发表编辑部文章《检讨与勉励》，该文明确指出，新华日报既是一份党报，也是一份人民的报纸，报纸所反映的党性原则，就是人民性原则，并提出了"党

①《列宁选集》第一卷，人民出版社1995年，第672页。
②《列宁选集》第一卷，人民出版社2012年版，第663页。
③《列宁全集》第一卷，人民出版社1984年版，第401～402页。

性与人民性的统一论"观点，"这就是说，新华日报是一张党报，也是一张人民的报纸，新华日报的党性，也就是它的人民性。新华日报的最高的党性，就是它应该最大限度地反映人民的生活和斗争，最大限度地反映人民的呼吸和感情、思想和行动。"①这可以说是中国共产党明确阐述党性与人民性关系的理论成果，是中国共产党人把马克思主义基本原理与中国革命、特别是新闻宣传工作实践相结合的成果。

中国共产党十分重视党性与人民性的统一问题。始终强调中国共产党是中国最广大人民根本利益的代表者，党的利益与人民的利益是完全一致的。正如《中国共产党党章》所规定的："党除了工人阶级和最广大人民群众的利益，没有自己特殊的利益。党在任何时候都把群众利益放在第一位，同群众同甘共苦，保持最密切的联系，坚持权为民所用、情为民所系、利为民所谋，不允许任何党员脱离群众，凌驾于群众之上。"②党性与人民性的一致性，根源于中国共产党与人民内生的一致性。中国共产党是从人民中来、在人民中发展并服务于人民的政党。中国共产党从成立时起，就把实现人民的解放、追求人民的幸福作为自己的奋斗目标，把全心全意为人民服务作为党的宗旨，使党的立场与人民的立场完全一致，党的利益与人民的利益完全一致，形成了党与人民群众密不可分的血肉联系，进而取得了革命、建设和改革开放的巨大胜利，实现了中华民族从站起来、富起来到强起来的发展历程。

在决胜全面建成小康社会、努力实现社会主义现代化和中华民族伟大复兴中国梦的历史进程中，习近平总书记从全面从严治党、加强党与人民群众的联系的高度，进一步阐明了党性与人民性的辩证关系，强调党性与人民性的一致性。习近平总书记指出："党性和人民性从来都是一致的、统一的。"③坚持党性，核心是坚持正确的政治方向、站稳政治立场、坚持宣传党的理论和路线方针政策，坚持宣传中央重大工作部署，坚持宣传中央关于形势的重大判断、坚持同党保持高度一致、坚决维护中央权威。坚持人民性，就是要把实现好、维护好、发展好最广大人民根本利益作为出发点和落脚点，坚持以民为本、以人为本。在谈到党性与人民性的关系时，习近平总书记强调："从

---

① 李冉：《党性和人民性相统一的历史渊源》，《大众日报》2016年3月9日。
②《中国共产党党章》，人民出版社2017年版，第10页。
③《习近平谈治国理政》，外文出版社2014年版，第154页。

本质上说，坚持党性就是坚持人民性，坚持人民性就是坚持党性，党性寓于人民性之中，没有脱离人民性的党性，也没有脱离党性的人民性。"①中国共产党是中国工人阶级的先锋队，同时是中国人民和中华民族的先锋队，代表着中国最广大人民的根本利益，从这个意义上讲，中国共产党的党性与中国共产党所代表的人民性是完全一致的，也就是中国共产党的政治立场与中国最广大人民群众的立场是完全一致的。

二、坚持人民立场是党拥有不竭力量源泉的根本保证

人民是历史的创造者和推动者，是社会变革的决定力量。任何一个政党的产生、发展都离不开人民的支持和拥护。脱离人民的政党是没有存在基础、没有力量源泉的政党，是最终必然走向失败甚至灭亡的政党。这是历史唯物主义揭示的科学真理，也是一些政党亡党亡国的教训。

中国共产党是代表人民根本利益的政党，党的利益与人民的利益在根本上是一致的，人民的立场就是党的立场。中国共产党只有站在人民的立场上，想人民之所想，真心实意为人民办实事，把自己植根于人民之中，真心诚意地依靠人民，全心全意地相信人民，才能立于不败之地，才能不断发展壮大，才能具有无限动力，引领和组织人民群众去顽强奋斗，去实现中国特色社会主义现代化和中华民族伟大复兴的伟大目标。

（一）植根人民是党建立的基础

所谓植根，就是深入到人或事务中去，打下坚实基础。一棵树因根深才枝繁叶茂，一个政党因根深才坚如磐石。中国共产党是长期植根于人民群众之中的政党。习近平总书记指出，我们的党来自于人民、根植于人民，人民的拥护和支持是党执政的最牢固根基。中国共产党从诞生那天起，就把自己的根深深地扎在人民群众之中，和人民群众心连心，把自己的奋斗目标与人民群众的利益需求紧密结合，建立了血浓于水的党群关系，使党得到人民群众的信任和支持，奠定了坚实的发展基础。历史证明，中国共产党能得到人

---

① 《永葆清正廉洁的政治本色》，人民出版社2015年版，第53页。

民群众的支持和拥护，最根本点在于，党始终扎根在人民群众之中，始终代表着人民的根本利益，在促进国家强大的同时，不断实现着人民群众的希望和要求，这是党无论遇到多大困难、受到多大挫折都没有改变人民群众对党的信任和支持的根本原因，也是党得以长期执政的坚实基础。

在中国特色社会主义进入新时代，全面推进中国特色社会主义伟大事业的历史进程中，中国共产党要继续保持党的生机与活力，必须坚持植根于人民群众，保持与人民群众的鱼水之情。具体要求：一是要深入人民群众之中，倾听人民群众的呼声，拓宽民意渠道，让广大人民群众充分享受人民当家作主的权利，仔细了解群众在想什么、盼什么，最需要我们干什么，唯此服务工作才能有的放矢，事半功倍。二是积极回应人民群众的正当诉求和社会关切。坚持从群众中来，到群众中去的原则，深入实际，加强与人民群众的沟通和交流，特别是利用定期到基层走访、搞社会调查、精准扶贫、结互帮对子等活动载体，了解民众的需求和难处，梳理人民群众的发展设想，为解决民众诉求和关切"把脉""问诊"。三是重视和正确对待人民群众的来信来访。要正确认识人民群众的来信来访，对于合理的来访，要积极热情地接待，不推卸、不敷衍、不忽悠，按照"事事有回音、件件有着落"的要求，自己能处理的立即办，自己不能办的及时上报，尽自己最大努力疏解群众的冤屈和愤懑。对于不合理的来访，要坚持说服原则，劝其走正常解决途径，不能无理取闹，使来信来访工作走入科学化、合理化的正确轨道。

（二）依靠人民是党发展的源泉

中国共产党不仅是植根于人民群众之中的党，而且是紧紧依靠人民群众发展的党。人民群众是党发展的根本，是中国共产党生存和发展的不竭源泉。中国共产党发展的历史就是领导人民、依靠人民、服务人民的历史，中国共产党发展离不开人民，离开人民党就不能发展，甚至不能存在。

党的发展要依靠人民，就是要尊重人民的主体地位，发挥人民的主体作用。

人民是历史的创造者，是推动社会历史发展的动力。党的事业和党自身的发展，必须紧紧依靠人民群众，拜人民为师，向人民学习，甘当人民的小学生。毛泽东同志曾明确指出，共产党员、革命干部都是人民的儿子，是群众中的一分子，什么时候都不要把自己摆在特殊位置，要"拜人民群众为师，恭恭敬敬地学，老老实实地学，不懂就是不懂，不要装懂"①。在新时代推进中国特色社会主义伟大事业的历史进程中，更需要拜人民为师，把政治智慧的增长、执政本领的增强深深扎根于人民的创造实践之中。正如习近平总书记指出："坚持人民主体地位，充分调动人民积极性，始终是我们党立于不败之地的强大根基。在人民面前，我们永远是小学生，必须自觉拜人民为师，向能者求教，向智者问策；必须充分尊重人民所表达的意愿、所创造的经验、所拥有的权利、所发挥的作用。"②我们在实际工作中就应该充分尊重人民，做到谋划发展思想问计于民、查找发展中的问题听计于民、改革发展措施求教于民、落实发展任务依靠于民、衡量发展成效评判于民。

党的发展要依靠人民，就是要自觉接受人民群众的监督。中国共产党作为人民根本利益的代表者，为人民服务以及接受人民的监督是党应尽的义务，保证人民的根本利益不受损害是党的建设和发展的终极目标，因此，党员特别是党的干部的所作所为，一言一行都应该体现在维护人民利益、为人民群众服好务的工作上。对此，习近平总书记结合群众路线教育实践活动的要求明确指出："群众的眼睛是雪亮的。党员、干部身上的问题，群众看得最清楚、最有发言权。要坚持开门搞活动，一开始就扎下去听取群众意见和建议，每个环节都组织群众有序参与，让群众监督和评议，切忌'自说自话、自弹自唱'，不搞闭门修炼、体内循环。"③这就要求我们的党员特别是党的领导干部，在实际工作中，必须加强同人民群众的联系，坚决反对任何形式的以权谋私、钱权交易、贪污腐败等违纪违法行为，自觉接受人民群众的监督，把权力关进制度的笼子里，使人民赋予的权力能真正服务于人民，做到权为民所用。

党的发展要依靠人民，就是要充分发挥人民群众智慧，对党的建设成效进行评判。习近平总书记明确指出："人民群众中蕴藏着治国理政、管党治党

---

① 《学习党的群众工作重要论述读本》，人民出版社2011年版，第38页。
② 《习近平谈治国理政》，人民出版社2014年版，第27页。
③ 《习近平谈治国理政》，人民出版社2014年版，第377～378页。

的智慧和力量，从严治党必须依靠人民。"①党的建设和发展是否能体现党的性质和宗旨，是否能真正代表广大人民群众的根本利益，是否能做到急人民之所急、想人民之所想，是否能始终保持党的先进性和纯洁性，引领广大人民群众为实现美好生活而奋斗，所有这些除了党内自身的监督和评判以外，更重要的是要接受广大人民群众的评判，对于党的路线方针政策、党的重大决定能否顺利执行，关键在于广大人民群众赞成不赞成、支持不支持、接受不接受，只有受到人民群众真正欢迎、拥护和支持的政策才是好政策，才可能在实践中得到很好的贯彻执行，否则，就只能是毫无价值的一纸空文，不可能变为现实。对此，习近平总书记明确指出："人民是我们党的工作的最高裁决者和最终评判者。如果自诩高明、脱离了人民，或者凌驾于人民之上，就必将被人民所抛弃。任何政党都是如此，这是历史发展的铁律，古今中外概莫能外。"②

（三）相信人民是党强大的动力

人民，只有人民，才是创造世界历史的动力。民心向背，历来是衡量一个政党执政能力的重要标准。相信人民，是马克思主义人民群众观的本质要求，是现代民主政治发展的显著特征，是中国共产党自身发展壮大的强大动力。

相信人民，就是要坚信人民群众是社会发展的主体，要尊重人民群众的创新精神。"民者，国之根也。"人民是国家之根本，是社会之主体。尊重人民主体地位、保证人民当家作主，是社会主义的本质要求，是党的性质和宗旨的最终体现。习近平总书记明确指出："坚持人民主体地位，发挥人民首创精神，着力解决好人民群众最关心最直接最现实的利益问题，不断让人民群众得到实实在在的利益。"③人民群众是社会发展的主体，人民群众具有无限的创造力，因此，我们必须充分相信人民群众，依靠人民群众，充分发挥人民群众的智慧和才能，推动中国特色社会主义伟大事业快速发展，给人民群

---

① 习近平：《在党的群众路线教育实践活动总结大会上的讲话》，人民出版社2014年版，第27页。

②《习近平谈治国理政》，人民出版社2014年版，第28页。

③《十七大以来重要文献选编》下，中央文献出版社2013年版，第150页。

众带来更多实惠。正如习近平总书记在党的十八届六中全会上对领导干部提出的，必须"坚持问政于民、问需于民、问计于民，决不允许在群众面前自以为是、盛气凌人，决不允许当官做老爷、漠视群众疾苦，更不允许欺压群众、损害和侵占群众利益"①，这是我们党在新的历史条件下相信人民、尊重人民主体地位和创新精神的具体要求。

相信人民，就是要充分保障人民群众的民主权利。在社会主义中国，中国共产党领导权、执政权都是在领导人民进行伟大斗争、创建伟大事业、实现伟大梦想的实践中由人民群众所赋予的，是人民的选择、历史的选择。因此，要切实保障人民群众的民主权利。对此，习近平总书记强调指出："党的一切工作，必须以最广大人民根本利益为最高标准。检验我们一切工作的成效，最终都要看人民是否真正得到了实惠，人民生活是否真正得到了改善，人民权益是否真正得到了保障。"②

相信人民，就是要问政于民，增加政策管理的透明度。问政于民，就是要尊重人民群众的民主权利，充分发挥人民群众参政议政的积极性和创造性，增强人民群众为国家建设、为社会发展献计献策的主人翁责任感和使命感。要做到这一点，作为党员，特别是党的领导干部，必须彻底革除封建的"官本位"意识，全面落实全心全意为人民服务的宗旨，真心实意地将人民当主人，视自己为公仆，心甘情愿地听取群众意见，而不是流于形式地做群众调研。唯有如此，我们才能真正做到相信人民，才能真正把问政于民落到实处，党员干部为民所思、为民所做的政德建设目标才能真正变为现实。

三、坚持人民立场是全面从严治党的价值旨归

"全面从严治党永远在路上。一个政党，一个政权，其前途命运取决于人心向背。人民群众反对什么、痛恨什么，我们就要坚决防范和纠正什么。"③习

①《中国共产党第十八届中央委员会第六次全体会议报》，人民出版社2016年版，第9页。
②《习近平谈治国理政》，人民出版社2014年版，第28页。
③ 习近平：《决胜全面建成小康社会 夺取新时代中国特色社会主义伟大胜利——在中国共产党第十九次全国代表大会上的报告》，人民出版社2017年版，第61页。

近平总书记这段论述深刻地阐明了人民群众与全面从严治党的关系，明确了全面从严治党的立足点和价值旨归。

（一）站稳人民立场是全面从严治党的立足点

站稳人民立场就是要在加强党的建设，推进全面从严治党的全过程中，无论是观察问题、认识问题，还是解决问题，都必须树立以人民为中心的发展思想。在《关于新形势下党内政治生活的若干准则》中明确规定："全党必须牢固树立人民群众是历史创造者的历史唯物主义观点，站稳群众立场，增进群众感情。"[①]从中国共产党自身建设的历史来看，党的建设总是与坚持党的群众路线紧密相连的，在坚持和遵循党的群众路线的基础上，以人民的方向为方向，以人民的选择为选择，始终保持与人民群众心连心、同呼吸、共命运，进而使党的建设和党的治理植根于人民群众之中，使党永葆先进性和纯洁性，使党员保持旺盛的革命斗志，使党的组织保持强大的战斗力和凝聚力，使中国共产党越来越强大，越来越具感召力和战斗力。

党的十八大以来，党中央把全面从严治党作为重要战略布局，从政治、思想、组织、纪律、作风以及制度方面，对全面从严治党提出了更新更高的要求，其核心在于回答如何牢牢站稳人民立场、如何真正代表最广大人民群众的根本利益、如何发挥中国特色社会主义伟大事业的领导者和组织者的作用等问题，使全面从严治党扎根在人民群众厚实的土壤之中，以人民群众高兴不高兴、满意不满意、拥护不拥护为衡量标准，确保人民立场不发生任何偏离。正如习近平总书记指出："得民心者得天下，失民心者失天下，人民拥护和支持是党执政最牢固的根基。"

（二）维护人民利益是全面从严治党的目标追求

中国共产党领导中国人民所走的中国特色社会主义现代化发展道路，是国家富强、民族振兴之路，更是人民群众的幸福之路。习近平总书记指出："中国特色社会主义道路是实现社会主义现代化的必由之路，是创造人民美好

---

① 《关于新形势下党内政治生活的若干准则》，人民出版社2016年版，第19页。

生活的必由之路。"①全面从严治党是在新的历史条件下，为了更好地发挥党的领导作用，更好地团结带领广大人民群众，在战胜"四大考验"，抵御"四种危险"的基础上，努力践行党全心全意为人民服务的宗旨，推进中国特色社会主义现代化建设事业取得新发展，创造新辉煌。

中国共产党作为中国人民根本利益的代表者，除了人民的利益，没有自己的特殊利益。2014年习近平总书记在俄罗斯索契接受俄罗斯电视台专访时说："我的执政理念，概括起来就是为人民服务，担当起该担当的责任。"这不仅表达了习近平总书记深厚的人民情怀，而且表达了中国共产党人为人民利益奋斗的责任担当。因此，全面从严治党，就是要适应新时代的新变化，迎接新机遇新挑战，通过加强党的自身建设，健全党的体制机制，提升党组织的战斗力，改进党的工作和生活作风，增强党的执政能力，使全体党员特别是党的干部牢固树立立党为公、执政为民的理念，把人民群众对美好生活的向往作为自己的奋斗目标，在全面推进中国特色社会主义现代化建设的伟大事业中，实现好、维护好、发展好最广大人民的根本利益，不断解决好人民群众最关心最直接最现实的利益问题，努力让人民群众过上越来越美好的幸福生活。

（三）接受人民监督是全面从严治党的根本要求

全面从严治党是新时代以习近平同志为核心的党中央加强党的建设、提升党的执政能力的重要举措，也是改进党的作风、强化党与人民群众密切联系的重要抓手。

衡量全面从严治党的成效，不仅要看党自身思想、政治、组织、纪律、作风以及制度建设的成就，更重要的是要看广大人民群众对全面从严治党的评价和认可度。换句话说，全面从严治党不仅是加强党的自身建设的问题，而且是体现党的性质、履行党的宗旨、接受人民群众检查监督的问题。正如习近平总书记所讲："人民群众中蕴藏着治国理政、管党治党的智慧和力量，

---

① 习近平：《在庆祝中国共产党成立95周年大会上的讲话》，人民出版社2016年版，第13页。

从严治党必须依靠人民。"①

习近平总书记在谈到加强党的民主监督时强调："要自觉接受群众监督，畅通信访举报渠道，对违规违纪典型问题严肃处理，及时回应人民群众关切。"②全面从严治党的政策措施、全面从严治党的实践效果、严厉惩治党内腐败的实效等，都需要接受广大人民群众的监督、检验，其标准就是是否真正体现党的性质和宗旨，是否真正代表广大人民群众的根本利益，是否真正被广大人民群众所认可和接受。因此，在全面从严治党的过程中，充分调动广大人民群众的积极性和创造性，为党的建设献计献策，密切党与人民群众的血肉联系，确保人民群众的根本利益不受伤害，既是人民群众的热切期盼，也是全面从严治党的根本要求。

四、实现人民群众对美好生活的向往是党的奋斗目标

习近平总书记明确指出，全党必须牢记，为什么人的问题，是检验一个政党、一个政权性质的试金石。带领人民创造美好生活，是我们党始终不渝的奋斗目标。这既充分彰显了习近平总书记鲜明的人民立场、坚定的责任担当、真挚的为民情怀，又是对全体党员特别是党的干部提出的任务要求，体现了我们党坚持人民立场的价值追求。

（一）始终坚持把人民群众利益放在第一位

把人民群众利益放在第一位充分体现了中国共产党人的政治立场和价值取向，体现了中国共产党人的崇高境界和赤诚的人民情怀。毛泽东曾在天安门城楼上高声喊出"人民万岁"的口号，邓小平曾说"我是中国人民的儿子，我深情地爱着我的祖国和人民"③，江泽民强调，党同人民群众的关系如何，是关系到党的事业兴衰成败和党的生死存亡的一个根本政治问题。胡锦涛在

① 习近平：《在党的群众路线教育实践活动总结大会上的讲话》，人民出版社2014年版，第27页。

②《习近平谈治国理政》第二卷，外文出版社2017年版，第187页。

③ 习近平：《在纪念邓小平同志诞辰110周年座谈会上的讲话》，人民出版社2014年版，第11页。

新中国成立60周年大会讲话中喊出"伟大的中国人民万岁"之后，在庆祝中国共产党成立90周年的讲话中又指出："只有我们把群众放在心上，群众才会把我们放在心上；只有我们把群众当亲人，群众才会把我们当亲人。"[①]习近平总书记继承和发扬了中国共产党人的人民情怀，在新的历史条件下，面对各种新情况新问题，看到广大人民群众与党心连心，奋力拼搏在各条战线上，战胜各种困难和问题，取得一个又一个新胜利时，他在2015年发表新年贺词时深情地说"我要为我们伟大的人民点赞"，这既是毛泽东"人民万岁"精神的历史传承，也是中国共产党人深厚的人民情感的时代体现。在庆祝中国共产党成立95周年大会讲话中，习近平总书记站在历史发展的新高度强调指出，"全党同志要把人民放在心中最高位置，坚持全心全意为人民服务的根本宗旨，实现好、维护好、发展好最广大人民根本利益"。在党的十九大报告中，习近平总书记进一步强调，"坚持以人民为中心。人民是历史的创造者，是决定党和国家前途命运的根本力量。必须坚持人民主体地位，坚持立党为公、执政为民，践行全心全意为人民服务的根本宗旨，把党的群众路线贯彻到治国理政全部活动之中，把人民对美好生活的向往作为奋斗目标，依靠人民创造历史伟业"。

习近平总书记在党的十九大报告中指出，"必须始终把人民利益摆在至高无上的地位，让改革发展成果更多更公平惠及全体人民，朝着实现全体人民共同富裕不断迈进"。这就十分明确地告诉党员特别是党的干部应该如何看待人民群众、如何对待人民群众的根本性问题。

始终牢记群众利益无小事。习近平总书记在浙江任职时，曾写过一篇《心无百姓莫为"官"》的文章，他在文章中指出："'群众利益无小事'。群众的一桩桩'小事'，是构成国家、集体'大事'的'细胞'，小的'细胞'健康，大的'肌体'才会充满生机与活力。对老百姓来说，他们身边每一件琐碎的小事，都是实实在在的大事，有的甚至还是急事、难事。如果这些'小事'得不到及时有效的解决，就会影响他们的思想情绪，影响他们的生产生活。"[②]这就清楚地告诉我们，涉及群众利益的事情，都是关系国家发展和社会稳定的大事，必须引起高度重视，密切关注。

---

① 《十七大以来重要文献选编》下，中央文献出版社2013年版，第441页。
② 习近平：《心无百姓莫为"官"》，《浙江日报》2004年1月5日。

心中要装着人民群众。中国共产党是中国最广大人民群众根本利益的代表者，与人民是同心同德、同甘共苦、共同奋斗的密不可分的鱼水关系。因此，党员特别是党的干部要时刻把人民群众装在心中，不能只装在报告中、只装在文件中，要把人民群众放在心中最高位置，想人民之所想、急人民之所急，真正把人民群众的小事作为自己工作的大事，认真做好做实。

深入人民群众之中了解社情民意。所谓社情民意，就是社会发展的基本情况和人民群众的意见和意愿。深入实际进行调查研究，特别是深入广大人民群众实际生活之中去了解人民群众的实际生活，观察人民群众的生活状况、人民群众的生活需求、人民群众的实际困难，这既是保持党的优良传统、密切党群关系的要求，也是为人民群众做实事的必然要求。不仅如此，只有深入广大人民群众实际生活进行调查研究，才能真正发现我们工作存在的问题，找到我们工作的努力方向与人民群众现实需求之间的差距，从而提出解决问题的有效办法，为科学决策提供现实依据。这就要求我们的党员特别是党的干部一定要下决心深入实际、深入基层，走向人民群众，到条件最艰苦、群众困难最多的地方去，和人民群众零距离接触，实实在在察民情、听民意、聚民智，特别要以人民群众对美好生活的新期待、新诉求为着力点，真心诚意地问政于民、问需于民、问计于民，在脚踏实地的调查研究之中，结合党的路线方针政策的总要求，提出切实可行的解决人民群众困难和问题的科学决策。

切实解决社会民生问题。与人民群众利益关系最密切的事情是社会民生问题。所谓"民生"，最简单的解释就是"人民的生计"，是指人民群众赖以生存的基本生活条件，即住房、看病、上学、就业，就是衣食住行、柴米油盐等问题。人民群众的衣食住行问题、柴米油盐问题，虽说都是人民群众自己的小事，但是，这些事情解决不好，就可能成为影响改革发展稳定的大事，因此，必须站在人民群众的立场来观察和思考民生并把它做实做好。首先，要从观念上牢固树立全心全意为人民服务的理念，把社情民意装在心中，不断增强为民情感，切实履行为民责任，努力为解除人民群众的各种困难而奋斗。其次，要从情感上贴近人民群众，把人民群众的安危冷暖放在心上，带着真情实感深入人民群众，与人民群众交朋友、拉家常，嘘寒问暖，体察人民群众的方方面面，听其言、观其行，尤其是要关注困难家庭、残疾人家庭、受灾群众家庭等，了解他们的所思、所想、所求，形成与人民群众心心相印的鱼水之情。再次，要从工作上解决实际民生问题。这就需要改变工作作风，克服高高在上、脱离实际的官僚主义；反对突显政绩、忽视社会民生的形式主义；努力铲除贪图享受、沉迷于灯红酒绿的奢靡之风。在全社会真正树立起为民务实、清正廉洁的工作生活之风。

（二）切实解决发展不平衡不充分的问题

习近平总书记在党的十九大报告中明确指出，中国特色社会主义进入新时代，我国社会主要矛盾已经转化为人民日益增长的美好生活需要和不平衡不充分的发展之间的矛盾。这一科学论断改变了我们对社会主要矛盾的认识，深化了对社会发展规律的认识，为我们如何实现人民群众对美好生活的向往提出了新任务新要求。

充分认识"不平衡不充分的发展"的科学内涵。改革开放以来，社会生产有了很快的发展，无论是物质生产还是精神生产都发生了很大变化，社会生产落后的局面已经大为改变，不再成为社会主要矛盾的构成因素，当前社会发展突出的问题是不平衡不充分的发展问题，这个问题与人民日益增长的美好生活需要构成一对矛盾，并成为社会的主要矛盾。因此，不平衡不充分的发展问题成为社会主要关注的问题。

所谓不平衡，主要是指社会各部分之间发展存在差距，不协调。具体表现为：一是社会经济、政治、文化、社会、生态发展的不平衡，特别是文化发展、社会民生建设和生态保护明显滞后于经济发展；二是城乡、区域发展不平衡，城乡二元结构矛盾还存在，区域发展东、中、西部存在明显不平衡，形成区域性落差式发展；三是社会各阶层发展不平衡，随着社会利益的不断分化，社会阶层分化和固化同时存在，导致社会阶层之间出现贫富不均现象；四是代际发展不平衡，代际矛盾明显，因公共政策的调整和可持续性发展不够，导致代际心理失衡，形成代际矛盾，甚至发生代际冲突。社会发展的不平衡远不止这些，但这已足够说明，社会发展的不平衡成为社会矛盾的重要方面，直接影响人民对美好生活的需要的实现。

所谓不充分，是指发展水平不够高，发展质量不够好。具体表现为：一是社会生产力发展不充分，社会的经济形式还呈现出多样性；二是社会创新能力不足，创新机制尚未形成，创新成果不充分；三是社会发展动力不充分，尚未形成调动社会成员投身现代化建设的积极性和创造性的激励机制；四是社会发展成果共享发展不充分，尚未形成社会发展成果共享的分配机制和保障机制；五是中国发展与世界发展对接不充分，在全面开放的当今社会，中国经济社会的发展离不开世界的发展，但目前中国发展与世界发展的对接还存在许多问题。不充分的社会发展是多方面的，是受社会生产方式制约的，在很大程度上制约着人民对美好生活的追求。

（三）努力实现人民群众对美好生活的需要

习近平总书记在党的十九大报告中明确指出："必须认识到，我国社会主要矛盾的变化是关系全局的历史性变化，对党和国家工作提出了许多新要求。我们要在继续推动发展的基础上，着力解决好发展不平衡不充分问题，大力提升发展质量和效益，更好满足人民在经济、政治、文化、社会、生态等方面日益增长的需要，更好推动人的全面发展、社会全面进步。"①这些新要求是正确认识社会主要矛盾变化引发的社会环境的新变化的要求，是正确处理社会主要矛盾、推进社会和谐发展的要求。

着力解决不平衡不充分的发展问题。解决不平衡不充分的发展问题是社会主要矛盾新变化提出的核心问题。当前要解决这个问题，必须坚持以习近平新时代中国特色社会主义思想为指导，以创新、协调、绿色、开放、共享新发展理念为引领，转变发展理念，改变发展方式，统筹推进经济、政治、文化、社会、生态文明五位一体的协调发展，缩小城乡差距、区域差距，统筹协调社会各阶层的利益关系，加大精准扶贫力度，缩小贫富差距，加快改革发展成果共享机制建设，促进社会和谐稳定发展。

更加重视民主法治建设。民主法治建设是满足人民对美好生活需要的重要内容。随着社会经济政治的全面发展，人民在获得物质文化需求满足的同时，迫切需要获得更多民主权利，获得更多的法治保障。这就必须进一步加强和完善社会主义民主法治建设，在健全和完善社会主义民主制度的基础上，

---

① 习近平：《决胜全面建成小康社会 夺取新时代中国特色社会主义伟大胜利——在中国共产党第十九次全国代表大会上的报告》，人民出版社2017年版，第11～12页。

更加充分地体现人民的主体地位，维护人民群众的民主权利，全面实施依法治国战略，完善社会主义法治体系，为人民群众享受民主权利、行使民主权利提供法治保障。

更加注重社会公平正义。维护社会公平正义是解决不平衡不充分发展的重要保障。维护社会公平正义是人民美好生活得以实现的重要保证。在全面建成小康社会的决胜阶段，在人民对美好生活需要不断增长的新时代，更加需要维护社会公平正义。维护社会公平正义就是要实现社会的权利公平、规则公平和保障公平。权利公平，是指广大人民群众应该具有平等的生存权、发展权，社会的制度设计对每一个社会成员生存、发展的机会都是平等的，每个成员的劳动权、规则权、职业选择权都是平等的，不会受家庭背景、种族、性别以及资本占有状况等因素的影响和限制。规则公平，是人民群众参与社会活动、谋求自身发展的制度前提。只有在规则公平的前提下，人民群众才能有效地获得平等的生存权和发展权。社会保障公平，是指社会提供的各种社会保障措施应该覆盖全社会，特别是对社会弱势群体，包括残疾人群体、失业群体、贫困群体等，社会必须加大投入，增加社会福利待遇，改善其生存和生活条件，这是满足全体人民对美好生活需要的重要举措。

更加重视社会安全稳定。维护社会安全稳定是满足人民对美好生活需要的社会基础。社会稳定、国泰民安既是广大人民群众的热切期盼，也是我们党治国理政的重要目标。只有在安全稳定的社会环境中，人民群众才能充分发挥自己的积极性和创造性，并在祖国建设发展中贡献力量的同时，追求幸福美好的生活。安全稳定是中国特色社会主义改革发展的前提，只有在安全稳定的环境中，才能正确处理好改革、发展与稳定的关系，才能把人民对美好生活的追求与和谐社会建设结合起来，才能使改革开放成果更多更公平地惠及全体人民。因此，在全面建成小康社会，努力实现国家现代化的历史过程中，更加重视安全稳定，统筹做好对外维护国家主权安全和发展利益，对内维护政治安全和社会稳定，确保人民安居乐业、社会安定有序、国家长治久安。

更加重视人与自然的和谐发展。人与自然的和谐发展是人民美好生活的重要特征，是"绿水青山就是金山银山"绿色发展理念的价值追求。随着人民生活水平的不断改善，人民对美好生活的追求有了新的要求，需要有绿色的生活环境，需要有绿色的生产生活方式，需要有绿色的生活产品。面对人民群众的新期待，我们必须树立绿色发展新理念，必须尊重自然、顺应自然、保护自然，牢记习近平总书记"绿水青山就是金山银山""生态兴则文明兴，生态衰则文明衰""生态环境保持功在当代，利在千秋"的谆谆教诲，顺应人民群众对美好生活的需要，努力创造人与自然和谐共生的绿色发展环境。

第二章 党的十八大以来全面从严治党取得的主要成就

党的十八大以来，以习近平同志为核心的党中央不忘初心、牢记使命，在进行伟大斗争、建设伟大工程、推进伟大事业、实现伟大梦想的实践中，把全面从严治党纳入"四个全面"战略布局，坚定不移地推进全面从严治党，创造性地提出一系列新思想新观点新论断，对全面从严治党提出了新要求、作出了新部署、制定了新举措，取得了辉煌成就，开创了全面从严治党的新局面。

一、以政治建设为根本，管党治党形成强大合力

旗帜鲜明讲政治是马克思主义政党的根本要求。习近平总书记强调，党的政治建设是党的根本性建设，决定党的建设方向和效果。党的十八大以来，以习近平同志为核心的党中央始终坚持把政治建设摆在首要位置，紧紧围绕坚持和加强党的全面领导，坚决维护党中央权威和集中统一领导，不断强化落实管党治党责任、增强基层党组织和党员活力、严肃党内政治生活，净化党内政治生态，形成了管党治党的强大合力。党的创造力、凝聚力、战斗力显著增强。

（一）党中央权威和集中统一领导得到不断加强

坚持党中央权威和集中统一领导，是我们党在长期实践中形成的优良传统和独特优势，是中国特色社会主义政治发展道路的历史必然，是推进新时代党和国家各项事业发展的根本保障。我们党成立90多年来团结带领人民之

所以能战胜一个又一个困难和挑战，不断从胜利走向胜利，关键在于中央的高度权威、坚强的领导核心、成熟的领导集体。习近平总书记强调，"坚决维护党中央权威、保证全党令行禁止，是党和国家前途命运所系，是全国各族人民根本利益所在。"①"坚持党的领导，首先是坚持党中央的集中统一领导。"②党的十八大以来，以习近平同志为核心的党中央强化党的政治建设，确保了全党服从中央，坚决维护了党中央权威和集中统一领导。

坚决维护习近平总书记党中央的核心、全党的核心地位。一个政党，领导核心至关重要。我们党在为中国人民谋幸福、为中华民族谋复兴的奋斗历程中，形成了确立和维护党的领导核心的优良传统和重要经验，确保了党中央权威和集中统一领导，从而取得一个又一个伟大胜利。党的十八大以来，习近平总书记带领全党全军全国各族人民不断推进中国特色社会主义伟大事业和开创党的建设新的伟大工程新局面，在改革发展稳定、内政外交国防、治党治国治军等方面取得了历史性成就，实现了党和国家事业的历史性变革，赢得了全党全军全国各族人民衷心拥护，受到了国际社会高度赞誉。党的十八届六中全会明确了习近平总书记的核心地位，正式提出"以习近平同志为核心的党中央"，对这一客观现实的确认，是众望所归，是民心所向。党的十九大把习近平总书记在党中央和全党的核心地位写入党章，反映了全党共同意志，体现了全国各族人民共同心愿。

保证全党服从中央，坚决维护党中央权威和集中统一领导。党的十八大以来，以习近平同志为核心的党中央始终高度重视党中央权威和集中统一领导的制度建设，进一步形成以民主集中制为核心，衔接配套、运行有效的制度体系，为确保党中央政令畅通，充分发挥总揽全局、协调各方的领导核心作用提供了重要保证，为各级党组织和广大党员干部提供了基本遵循。一是落实民主集中制，坚持民主基础上的集中和集中指导下的民主相结合，突出"四个服从"，确保全党各个组织和全体党员服从党的全国代表大会和中央委员会，确保全党在党中央集体领导下的思想统一、行动一致，调动一切积极因素。二是把"坚持加强党的领导，坚决维护党中央权威"③作为首要工作原

①《论学习贯彻党的十八届六中全会精神》，人民出版社2016年版，第5页。
② 同上。
③《习近平谈治国理政》第二卷，外文出版社2017年版，第415～416页。

则，通过党的工作机关体系，确保党的路线方针政策和党中央各项决策部署协调一致、有序推进，层层落实，令行禁止。三是健全党中央统一领导、党委（党组）全面监督、纪检监察机关专责监督、党的工作部门职能监督、党的基层组织日常监督、党员民主监督的党内监督体系，把党内监督同国家机关监督、民主监督、司法监督、群众监督、舆论监督贯通起来，特别是建立巡视巡察上下联动的监督网，使其作为党之利剑、国之重器的地位和作用不断彰显。四是教育引导党员干部牢固树立"四个意识"，坚决做到"两个维护"，同时严肃查处周永康、薄熙来、郭伯雄、徐才厚、令计划、孙政才等一批党内野心家、阴谋家，清除了重大政治隐患。使党中央权威和集中统一领导得到坚决维护，党内政治生活气象更新，党的团结统一更加巩固。

坚持和加强党的全面领导。坚持党的领导，是党和国家的根本所在、命脉所在，是全国各族人民的利益所系、幸福所系。习近平总书记在党的十九大报告中指出："中国特色社会主义最本质的特征是中国共产党领导，中国特色社会主义制度的最大优势是中国共产党领导，党是最高政治领导力量。"[1]党的十八大以来，以习近平同志为核心的党中央旗帜鲜明坚持和加强党的全面领导，并把党的政治领导切实贯彻到治国理政全部活动之中。一是党中央通过完善制度狠抓落实，把党的领导体现到经济建设、政治建设、文化建设、社会建设和生态文明建设各领域各方面，贯穿于各项工作全过程。党的十九大后，党中央将中央全面深化改革领导小组、中央网络安全和信息化领导小组、中央财经领导小组、中央外事工作领导小组等4个小组调整为委员会，成立中央全面依法治国委员会，整合重组部分党政机构，从体制机制上保障了党总揽全局、协调各方；二是党中央相继出台了深化改革、扩大开放、脱贫攻坚、环境保护等一系列重大决策，把方向、谋大局、定政策、促改革的作用进一步彰显。三是正式成立国家监察委员会。这是新中国成立以来第一次把对公权力的监督设计到政体之中，全面加强了党对反腐败工作的集中统一领导。

---

① 习近平：《决胜全面建成小康社会 夺取新时代中国特色社会主义伟大胜利——在中国共产党第十九次全国代表大会上的报告》，人民出版社2017年版，第20页。

（二）管党治党的主体责任和监督责任得到有效落实

管党治党是全党共同的政治责任。习近平总书记反复强调，从严治党必须增强管党治党意识、落实管党治党责任，不明确责任，不落实责任，不追究责任，就做不到从严治党。党的十八大以来，以习近平同志为核心的党中央坚持党要管党、从严治党，不断强化全面从严治党主体责任和监督责任的落实，形成全党齐抓的生动局面。

党中央带头落实主体责任。党的十八以来，中央政治局多次召开会议，专题研究党的建设。习近平总书记多次在中央全会、中央纪委全会等重要会议、重要场合发表重要讲话，对全面从严治党指明方向、提出要求，在党内教育中以身作则、示范带动，对管党治党方面存在的问题不遮掩、不回避、不手软。这无不传递出党中央推进全面从严治党的使命意识和责任担当。

层层压紧落实党委主体责任。2015年10月，中央政治局会议审议新修订的廉洁自律准则和党纪处分条例时，明确提出"各级党委要担当和落实好全面从严治党的主体责任"①。2016年1月，习近平总书记在十八届中央纪委六次全会上进一步指出，"党委书记作为第一责任人，要担负起全面从严治党的政治责任"②。党中央通过建立履行主体责任情况报告制度、开展主体责任落实情况专项检查考核、强化"一案双查"追责问责等一系列举措，从中央部委和省一级抓起，形成了一级抓一级、层层抓落实的局面。各级党委书记认真贯彻落实党中央的工作指示，率先垂范，带头履行第一责任人的责任，将党风廉政建设与经济社会发展同部署、同落实、同检查，对重要工作亲自部署、重大问题亲自过问、重点环节亲自协调、重要案件亲自督办，组织和带领党委各班子成员主动履行"一岗双责"，主动扛起抓落实的政治责任。

深化落实纪委监督责任。党的十八大以来，各级纪委在党中央坚强领导下持续深化转职能、转方式、转作风，强化监督执纪问责，不断取得新进展新成效。一是各级纪委认真落实监督责任，以强烈的使命担当和责任意识，回归党章赋予的职责、聚焦监督执纪问责，从根本上解决好之前责任主次不分、监督力量分散、越权越位等问题。二是坚持把纪律挺在前面，有效运用

---

① 《习近平关于严明党的纪律和规矩论述摘编》，中央文献出版社2016年版，第125页。
② 《习近平谈治国理政》第二卷，外文出版社2017年版，第163页。

监督执纪"四种形态",坚持把纪律和规矩挺在前面,做深做实做细监督执纪问责工作,提升运用"四种形态"的思想政治水平和运用政策策略能力,持续保持遏制腐败高压态势,坚决整治了党内不正之风和腐败问题。三是督促落实管党治党责任,制定问责条例,以更高的标准、更严的纪律,加强对纪检监察干部监督,保持队伍纯洁,推动失责必问、问责必严成为常态,不断提高广大党员干部的政治素养和廉洁自律意识。

(三)基层党组织和党员的积极作用得到有效发挥

治国安邦,重在基层;管党兴党,重在基础。党的十八大以来,习近平总书记对推动全面从严治党向基层延伸、加强基层党组织建设作出一系列重要指示,为加强和改进基层党建工作提供了根本遵循和强大思想武器。党中央坚持政治引领与服务群众相统一、组织覆盖与工作覆盖相结合,大力推进各领域党建工作,着眼于保持党的先进性和纯洁性,大力加强党员队伍建设。

各领域基层党组织战斗堡垒作用不断增强。党的基层组织是党的战斗堡垒,是党的路线方针政策及决策部署的贯彻者和执行者,是党联系群众、服务群众、团结群众、带领群众的保障。党的十八大以来,党中央统筹推进农村、街道社区、国企、机关、高校、非公有制经济组织和社会组织等各领域基层党建工作。党中央召开国有企业党建工作会议、高校思想政治工作会议、农村基层党建工作座谈会等,印发《关于在深化国有企业改革中坚持党的领导加强党的建设的若干意见》《关于坚持和完善普通高等学校党委领导下的校长负责制的实施意见》《关于加强和改进新形势下高校思想政治工作的意见》等文件。通过统筹规划和深入推进,持续整顿软弱涣散基层党组织,突出强化农村基层党组织的领导核心作用,积极探索以党建引领基层治理的城市基层党建新路子,着力解决一些国有企业和高校党的领导和党的建设弱化、淡化、虚化、边缘化问题,努力扩大非公企业、社会组织党组织和党的工作的全覆盖,各领域基层党建形成整体提升、全面加强的工作格局。

党员先锋模范作用进一步发挥。"党员是党的肌体的细胞"。[①]党员的作用

---

① 习近平:《干在实处走在前列——推进浙江新发展的思考与实践》,中共中央党校出版社2016年版,第459页。

发挥得如何，直接影响到党的形象。习近平总书记指出，加强党的建设，首要任务是加强思想政治建设，关键是教育管理好党员、干部。党的十八大以来，随着全面从严治党向纵深发展、向基层延伸，党员队伍的教育管理和发展工作得到进一步加强和改进。一是通过建立综合监督协调制度、监督的运行与规范机制、监督的预防与惩治机制，不断强化党员自我教育、自我检查、自我完善、自我提高，增强党员自律意识。二是把经常性教育和适当的集中教育有机结合起来，通过各种主题教育活动，不断坚定广大党员社会主义信念和远大的共产主义理想，自觉保持先进性。通过建构有效的监督、教育、管理体系使党员先锋模范作用得到进一步发挥。

（四）党内政治生活和党内政治生态日益规范有序

严肃党内政治生活、净化党内政治生态，是保持党的先进性和纯洁性、增强党的创造力凝聚力战斗力的必然要求。习近平总书记在庆祝中国共产党成立95周年大会上讲话强调，我们要加强和规范党内政治生活，严肃党的政治纪律和政治规矩，增强党内政治生活的政治性、时代性、原则性、战斗性，全面净化党内政治生态。党的十八大以来，以习近平同志为核心的党中央牢牢把握全面从严治党这条主线，把严肃党内政治生活、净化党内政治生态摆在更加突出的位置来抓，坚持全面从严治党，大力整治形式主义、官僚主义、享乐主义和奢靡之风，严肃查处党员、干部违纪违法问题，坚定不移惩治腐败，完善党内法规制度，不断扎紧制度笼子，使党内政治生活呈现出新气象，党内政治生态出现新变化。党的十八届六中全会审议通过的《关于新形势下党内政治生活的若干准则》《中国共产党党内监督条例》，明确了新形势下加强和规范党内政治生活的方向、目标、原则、任务、举措，为严肃党内政治生活提供了基本遵循。这两个文件既深入总结了我们党在加强自身建设方面的经验和教训，继承了我们党在长期实践中形成的制度规定和优良传统，又全面总结了党的十八大以来党中央推进全面从严治党的生动实践，对全面从严治党的理论和实践创新成果进行了集纳。增强了党内政治生活的政治性、时代性、原则性、战斗性，使党内监督更加制度化、规范化、程序化，有力地推动全面从严治党迈出新步伐、进入新境界。

二、以思想建设为基础，拧紧党员、
干部思想"总开关"

思想是行动的先导，思想建设是党的基础性建设。思想建设是马克思主义政党建设的基本原则和独特优势，是我们党历经艰难困苦而不断发展壮大、始终保持先进性和纯洁性的内在要求和宝贵经验。党的十八大以来，以习近平同志为核心的党中央聚精会神抓党的建设，坚持与时俱进、改革创新，带领全党取得了丰硕的实践成果、理论成果和制度成果，开辟了思想建党的新境界。

（一）理想信念教育补足党员、干部精神之钙

坚定理想信念是共产党人的政治灵魂，是共产党人经受住任何考验、战胜一切困难的精神支柱。习近平总书记反复强调："理想信念坚定，骨头就硬，没有理想信念，或理想信念不坚定，精神上就会'缺钙'，就会得'软骨病'，就可能导致政治上变质、经济上贪婪、道德上堕落、生活上腐化。"①党的十八届六中全会审议通过的《关于新形势下党内政治生活的若干准则》把加强思想教育作为严肃党内政治生活、净化党内政治生态的首要任务。这一重要论断凸显了坚定理想信念在党内政治生活中的重要地位。党的十九大报告强调，要把坚定理想信念作为党的思想建设的首要任务，教育引导全党牢记党的宗旨，挺起共产党人的精神脊梁，解决好世界观、人生观、价值观这个"总开关"问题，自觉做共产主义远大理想和中国特色社会主义共同理想的坚定信仰者、有力传播者和忠实践行者。党的十八大以来，以习近平同志为核心的党中央首先以解决党员干部的思想问题为切入点，通过开展党的群众路线教育实践活动、"三严三实"专题教育，推进"两学一做"学习教育常态化、制度化，开展"不忘初心、牢记使命"主题教育实践活动，将理想信念教育与解决思想问题相结合，引导广大党员坚定对马克思主义的信仰、对社会主义和共产主义的信念，自觉培育和践行社会主义核心价值观，引导党员、干部不断增强政治敏锐性和政治鉴别力，自觉运用马克思主义的立场、观点和

---

① 《习近平总书记系列重要讲话读本》，学习出版社2016年版，第106～107页。

方法分析判断形势，分清是非界限，澄清模糊认识，在大是大非问题、政治原则问题上态度鲜明、立场坚定，对各种错误言行敢于斗争、敢于亮剑。

（二）科学理论武装培植党员、干部精神家园

我们党是用马克思主义武装起来的政党，马克思主义是我们立党立国的根本指导思想，是党员、干部的思想之基和信仰之本。党的十八大以来，以习近平同志为核心的党中央把加强思想理论武装作为全面从严治党的首要任务，坚持用马克思主义及其中国化的创新成果统一全党、凝聚共识，不断夯实全党共同奋斗的思想基础，从根本上保持全党思想上政治上的高度一致。一是全党深入学习马克思列宁主义、毛泽东思想和中国特色社会主义理论体系。习近平总书记强调："首先要认真学习马克思主义理论，这是我们做好一切工作的看家本领，也是领导干部必须普遍掌握的工作制胜的看家本领。"[1]为使党员领导干部真正学懂弄通马克思主义，各级党组织多次组织集体学习，引导党员干部认真学习马克思列宁主义、毛泽东思想和中国特色社会主义理论体系，不断提高领导干部用马克思主义立场、观点、方法分析和解决问题的能力，不断增强贯彻党的路线方针政策的自觉性、坚定性。二是重点学习贯彻习近平总书记系列重要讲话精神。中共中央连续举办多期省部级干部专题研讨班，举办省部级主要领导干部学习贯彻十八届三中、四中、五中、六中全会精神专题研讨班；各级党委（党组）以县处级以上领导干部为重点，对党员干部进行多次轮训。在学习培训中，各级党组织要求党员领导干部坚持读原著、学原文、悟原理，帮助党员干部掌握讲话的核心要义和精神实质，引导他们做到学而信、学而用、学而行，努力做到知行合一，不断提高马克思主义思想觉悟和理论水平。

党的十九大将习近平新时代中国特色社会主义思想确立为党必须长期坚持的指导思想并写入党章，实现了党的指导思想的与时俱进。"十三届全国人大一次会议通过的宪法修正案，郑重地把习近平新时代中国特色社会主义思想载入宪法，实现了党的指导思想向国家指导思想的转换，实现了国家指导思想的与时俱进。习近平新时代中国特色社会主义思想，是马克思主义中国

---

①《习近平谈治国理政》，外交出版社2014年版，第404页。

化最新成果，是党和人民实践经验和集体智慧的结晶，是中国精神的时代精华，是国家政治生活和社会生活的根本指针。"[①]"用习近平新时代中国特色社会主义思想武装全党，是党员干部补钙壮骨、固本培元的基础工程"。[②]党的十九大以来，全党深入开展习近平新时代中国特色社会主义思想学习教育。各级党委以各级党校、行政学院和干部学院为主阵地，通过中心组学习、教育培训、专题研讨等多种方式，从领导机关、领导班子、领导干部抓起，构建述学、督学、考学机制，推动党员干部真正学有所思、学有所悟、学有所获，切实用习近平新时代中国特色社会主义思想武装全党，统一全党思想和行动。

（三）党性党风党纪教育筑牢党员、干部思想防线

党的十八大以来，习近平总书记多次强调要下大气力抓好党性党风党纪教育，引导党员干部做政治上的明白人、守纪律讲规矩的带头人。特别是在党的十八届中央纪委二次、三次、五次全会上习近平总书记专门对严明党的政治纪律、政治规矩和组织纪律作了深刻阐述，提出明确要求。一是把学习党章作为党性党风党纪教育的首要任务引导各级党组织和广大党员干部牢固树立党章意识，真正把党章作为加强党性修养的根本标准，作为指导党的工作、党内活动、党的建设的根本依据，把党章各项规定落实到行动上、落实到各项事业中。二是加强党的纪律特别是政治纪律、政治规矩教育，引导党员干部牢记和遵守中央提出的"五个必须、五个决不允许"[③]等要求，即必须维护党中央权威决不允许背离党中央要求另搞一套，必须维护党的团结决不允许在党内培植私人势力，必须遵循组织程序决不允许擅作主张、我行我素，必须服从组织决定决不允许搞非组织活动，必须管好亲属和身边工作人员决不允许他们擅权干政、谋取私利。三是突出了党的优良作风教育。党中央以党的群众路线教育实践活动和"三严三实"专题教育为契机下大气力解决影响严肃认真开展党内政治生活的各种问题，重新拿起批评和自我批评武器开展积极健康的思想斗争，增强党内政治生活的政治性、原则性、战斗性，使

---

①《习近平新时代中国特色社会主义思想三十讲》，学习出版社2018年版，第1页。

②《党的十九大报告辅导读本》，人民出版社2017年版，第445页。

③《学习贯彻党的十九大精神》，共产党员网，2018年4月4日。

党内政治生活真正起到了教育改造提高党员干部的作用。这一系列举措，筑牢党员干部的思想堤坝，有效地纠正了党内存在的一系列不良风气，实现了党风、政风的根本好转。

三、以纪律建设为准绳，监督执纪落地生根

"欲知平直，则必准绳；欲知方圆，则必规矩。"①铁的纪律是全面从严治党的治本之策。习近平总书记明确指出："党要管党、从严治党，靠什么管、凭什么治？就要靠严明纪律。"②党的十八大首次在党代会报告中提出"加强党的纪律建设"要求。以习近平同志为核心的党中央将纪律建设纳入党的建设总体布局之中，坚持以问题为导向，把纪律挺在前面，通过严明政治纪律、组织纪律等六大纪律，认真落实纪律执行，真正让党的纪律和规矩成为带电的高压线。在五年实践探索基础上，党的十九大更进一步将纪律建设写入党章，作为新时代党的建设总要求的关键环节。

（一）党的纪律和党内规矩划定底线

党的纪律和党内规矩是全体党员的行为规范和行动准则，也是党的凝聚力、战斗力的重要体现和可靠保证。党的十八大以来，以习近平同志为核心的党中央切实加强纪律建设，先后修订出台了《关于新形势下党内政治生活的若干准则》《中国共产党廉洁自律准则》《中国共产党纪律处分条例》等法规，用"纪律"划出了党纪底线，使纪律成为管党治党的严格戒尺和党员规范行为的重要遵循。党章明确指出："坚持把纪律挺在前面，加强组织性纪律性，在党的纪律面前人人平等"；"党的纪律主要包括政治纪律、组织纪律、廉洁纪律、群众纪律、工作纪律、生活纪律"；党员"自觉遵守党的纪律，首先是党的政治纪律和政治规矩"。③这些规定都把政治纪律和组织纪律提到突出位置。

---

① 《习近平谈治国理政》第二卷，外文出版社2017年版，第151页。

② 《十八大以来重要文献选编》上，中央文献出版社2014年版，第764页。

③ 《中国共产党章程》（中国共产党第十九次全国代表大会部分修改），人民出版社2017年版，第22、51、25页。

严明党的政治纪律。政治纪律是最重要、最根本、最关键的纪律。严明党的政治纪律是党的十八大以来全面从严治党的一条红线。2013年1月，习近平总书记在十八届中央纪委二次全会上指出，严明党的纪律，首要的就是严明政治纪律。他指出，如果党的政治纪律成了摆设，党就会沦为各取所需、自行其是的"私人俱乐部"①。2014年10月，他在党的十八届四中全会第二次全体会议上，用"七个有之"严厉批评领导干部违反政治纪律和政治规矩的现象；2015年1月，他在中央纪委五次全会上就遵守政治纪律和政治规矩提出"五个必须"；2016年1月，他在中央纪委六次全会上对党中央反复强调严守政治纪律和政治规矩，但仍有领导干部置若罔闻感到痛心，再一次警示全党必须把政治纪律摆在首位，消弭隐患、杜绝后患。2016年10月，他在十八届六中全会深刻总结党的十八大以来推进全面从严治党的经验和启示时突出强调，遵守政治纪律和政治规矩是遵守党的全部纪律的基础，要求各级党组织和广大党员要自觉遵守政治纪律和政治规矩。党的十八大以来，新形势下党内政治生活的若干准则以党章为根本遵循，把党的政治纪律细化为"十二个不准"，覆盖党员干部政治方向、政治立场、政治言论、政治行为等各方面，在全党形成又有集中又有民主、又有纪律又有自由、又有统一意志又有个人心情舒畅生动活泼的政治局面。

明确六项纪律。党的十八大以来，我们党在历史上第一次把党章的纪律要求细化为"六项纪律"，即政治纪律、组织纪律、廉洁纪律、群众纪律、工作纪律、生活纪律。②这解决了长期以来纪律分类不清晰的问题。习近平总书记强调，要立规明矩，把纪律规矩立起来、严起来，"使各项纪律规矩真正成为'带电的高压线'"③。党的十八大以来，纪委监督执纪把政治纪律摆在第一位，以"四个意识"为标杆，把维护党中央权威和集中统一领导作为根本政治任务，抓住"六项纪律"这个标尺，严查"七个有之"，力促"五个必须"，排除了党内重大政治隐患，使各级党组织和党员干部时刻绷紧政治纪律这根弦，自觉做到"四个服从"，有力维护了以习近平同志为核心的党中央权威和

①《习近平关于党风廉政建设和反腐败斗争论述摘编》，中国方正出版社2015年版，第33页。

②《十八大以来重要文献选编》中，中央文献出版社2016年版，第767页。

③《习近平关于全面从严治党论述摘编》，中央文献出版社2016年版，第117页。

集中统一领导，有力维护了党的纪律的权威性。

（二）党内监督体系逐渐完善

党的十八大以来，以习近平同志为核心的党中央不断加强党内监督体系建设，逐步形成了一整套完备且极具中国特色的党内监督体系。一是党内监督制度更加全面。《中国共产党党内监督条例》（以下简称《条例》）坚持从党内监督工作的实际情况出发，紧扣当前党内存在的各种问题，严格遵循党内监督工作规律，从述责述廉、巡视、谈话和诫勉、询问和质询等几个方面对党内监督制度作出了明确规定，构建起一套完整严密的监督体系，确保了党内监督体系的规范化和科学化。二是党内监督主体更加全面。逐步构建了一套自上而下全面严密的党内监督体系，形成了从党中央层面到各级党组、党组成员和党委委员，再到各级纪律检查委员会，还包括党的工作部门、党的基层组织以及党员个人在内的监督体系，并分别针对不同的监督主体对其监督职责作出了详细规定。三是党内监督对象更加全面。坚持党内监督对象的全面性表现为纪律面前一律平等，形成了全覆盖监督体系，不仅拓展了党内监督的范围，也加大了党内监督的力度，深化了党内监督的效果，使得党内所有党组织与党员均在监督之列，无一例外。四是监督机制更加完善。《条例》规定，要将自上而下的组织监督和自下而上的民主监督充分结合，同时注重发挥同级相互监督作用，形成全方位监督网。一方面强化了自上而下的组织监督，通过层层施加监督压力，全面提升了党内监督工作的质量与水平。另一方面，改进了自下而上的民主监督。真正做到全体党员在接受监督的过程中一律平等，杜绝搞特殊化，并从坚持权利与义务相统一的高度规定党员严格无条件接受监督，积极承担起监督职责，履行监督义务。此外，切实发挥了同级监督的作用。通过强化"双重"领导体制，严格落实各级党委的主体责任等一系列对同级党组织制约与监督的规定，使得党内监督机制不断完善，党员干部纪律意识和权责意识明显增强。五是充分发挥了巡视巡察上下联动的监督功能。党中央从全局出发，把巡视作为加强党内监督的战略性手段，纳入全面从严治党的总体安排，深入推进巡视工作的理论创新、实践创新，切实保障了全面从严治党工作的有效开展。党中央通过开展全方位的巡视巡察工作，实现了党内监督的全覆盖，发挥了巡视巡察的巨大威力。党的十九大报告进一步提出"深化政治巡视，坚持发现问题、形成震慑不动摇，建立巡视巡察上下联动的监督网"[①]，这就要求将中央和省一级的巡视与地方层级的巡察充分有效结合，实现巡视巡察上下联动，在巡视巡察中及时发现问题，分析问题产生的原因，纠正并有效解决党内存在的突出问题。巡视巡察上下联动，织就了一张全覆盖的党内监督网，充分发挥了巡视巡察相互促进、相互支撑的作用，对于加强党内监督，肃清政治风气，深入推进全面从严治党工作具有十分重要的现实意义。

（三）执纪问责发力生威

党的十八大以来，以习近平同志为核心的党中央严肃责任追究，将问责作为从严执纪的重要手段，明晰党委、纪委以及有关部门的具体责任，对违法违规的领导干部要真追责、敢追责、严追责，做到终身追责，以严格的执纪问责让铁规发力、让禁令生威。一是落实纪严于法、纪在法前、纪法分开的政治纪律和政治规矩。党中央坚持纪严于法、纪在法前，划清党纪和法律界限，真正实现立规矩严纪律，用纪律审查代替查办案件，切实推动执纪问责落地生根。党的十八大以来，中央在执纪审查和巡视巡察、派驻监督过程中，重点强化政治纪律和组织纪律，对待党员干部队伍中存在的政治问题与经济问题、拉帮结派和钱权交易、对抗和欺瞒组织、对地方腐败装糊涂和当好人等问题，一律零容忍、严追责，坚决惩治，绝不姑息。中纪委先后立案审查中管干部240人，给予纪律处分223人；全国纪检监察机关共立案116.2万件，给予纪律处分119.9万人；全国共处分乡科级及以下党员、干部114.3万人，处分农村党员、干部55.4万人。[②]通过严肃查处党员干部包括高级党员干部严重违纪问题，坚决维护了党纪的权威性和严肃性，杜绝了留暗门、开天窗、讲人情的暗箱操作，让党员干部知敬畏、存戒惧、守底线，习惯在党纪党规硬约束的环境中工作生活。二是坚持有责必问，问责必严。党的十八大以来，党内监督不断强化执纪问责，坚持做到对党内监督的典型问题盯住不放，对

---

① 习近平:《决胜全面建成小康社会 夺取新时代中国特色社会主义伟大胜利——在中国共产党第十九次全国代表大会上的报告》,《人民日报》2017年10月28日，第1版。

②吴玉良:《十八大以来中纪委共立案审查中管干部240人》,人民网，2017年1月9日。

失责行为追究到底，坚决实现问责一个、警醒一片、促进一方的监督效果，使纪律和规矩不再成为"纸老虎""稻草人"。各级党委和纪委自觉承担党风廉政建设主体责任和监督责任，二者相互依托、相互配合，共同发挥执纪问责的合力，形成整体效应。此外，在深化责任追究工作中，严格落实"一案双查"，把责任追究与纪律审查相结合，把违反中央八项规定精神和发生系统性、区域性腐败问题作为责任追究重点，延伸和深化纪律审查的效果，从理论深化和实践探索两个方面为全面加强纪律建设，深入推进从严治党工作作出了积极贡献。同时，注重加强纪检监察队伍建设，党的纪检监察机关深入推进工作职能、工作方式和工作作风的转化，着力打造纪律严明的纪检监察队伍，确保落实执纪问责。

（四）监督执纪"四种形态"

监督执纪"四种形态"是党的十八大以来党的建设的最新理论成果和宝贵经验。党的十八大以来，党的纪检机关不断创新执纪方式，全面把握监督执纪"四种形态"，使经常开展批评和自我批评、约谈函询，让"咬耳朵、扯袖子，红红脸、出出汗"成为常态[1]；党纪轻处分、组织调整成为违纪处理的大多数；党纪重处分、重大职务调整的成为少数；严重违纪涉嫌违法立案审查的成为极少数。强调党内监督无禁区、全覆盖、零容忍，要求各级党组织和党的领导干部坚决做到权责分明，有权必有责、用权受监督、滥权必追究。既强调严格执纪，时刻保持高压反腐态势，又坚持惩前毖后、治病救人，注重抓早抓小、防微杜渐。针对党员干部违纪行为，制定了四种不同的处罚方式，明确了由轻到重的量纪标准，既减少腐败存量也遏制腐败增量，正确处理好了"树木"和"森林"的关系，[2]创新和发展了监督执纪的工作理念和工作方法，做严、做细、做深、做实了党内监督工作，开启了纪律审查工作的新局面。2018年1至9月，全国纪检监察机关运用监督执纪"四种形态"处理114万人次。其中，第一种形态72.9万人次，占"四种形态"处理总人次的63.9%；第二种形态32.1万人次，占28.2%；第三种形态3.6万人次，占3.2%；第四种形

①《习近平关于全面从严治党论述摘编》，中央文献出版社2016年版，第233页。
②《十八大以来重要文献选编》中，中央文献出版社2016年版，第333页。

态5.5万人次，占3.2%。①随着全面从严治党的不断深化，党内监督执纪"四种形态"的运用更加科学化、规范化、常态化。

四、以从严治吏为重点，建设高素质干部队伍

政治路线确定之后，干部是决定的因素。"我们党历来高度重视选贤任能，始终把选人用人作为关系党和人民事业的关键性、根本性问题来抓。治国之要，首在用人。"②党的十八大以来，以习近平同志为核心的党中央高度重视干部队伍建设，坚持党管干部原则，坚持德才兼备、以德为先，坚持新时期好干部标准，坚持五湖四海、任人唯贤，反对任人唯亲，着力构建广纳群贤、人尽其才、能上能下、公平公正、充满活力的中国特色社会主义干部人事制度，确保了党和国家各项事业顺利推进。

（一）落实好干部标准，破解"四唯"问题

习近平总书记提出的"信念坚定、为民服务、勤政务实、敢于担当、清正廉洁"二十字好干部标准是新时期选人用人的基本遵循，对建设高素质干部队伍具有重大指导意义。为落实新时期好干部标准，党中央于2014年1月对2002年颁布的《党政领导干部选拔任用工作条例》做出修订和补充，新出台的《党政领导干部选拔任用工作条例》，从总则到附则共13章71条，对干部选拔任用工作作出了实质性和程序性规定，对原条例既有保留，又有摒弃，还有新内容，以辩证的眼光看待干部，从考察内容、考察方法、考察对象、考察程序到加强民主监督等方面对干部的选拔任用做出了全面、具体的规定。针对"四唯"问题，党组织的把关至关重要，改进推荐考察方式，把民主推荐结果由原来的选拔任用"重要依据"改为"重要参考"，深入考察干部德才表现，解决"唯票"问题；完善竞争性选拔方式，合理确定职位范围，严格条件资格、程序方法、考察把关，解决"唯分"问题；改进政绩考核工作，不以国内生产总值增长率论英雄，针对不同区域、不同层次、不同类型的干

①《中央纪委国家监委网站发布数据》，《人民日报》2018年10月21日，第4版。
②《习近平谈治国理政》，外文出版社2014年版，第411页。

部特点实行差异化考核，解决"唯GDP"问题；不搞年龄层层递减、"一刀切"，调动各个年龄段干部的积极性，解决"唯年龄"问题。①

（二）严把选人用人关，防止"带病提拔"及"铁交椅"

党的十八大以来，党中央坚持正确用人导向，为进一步严把选人用人关，防止干部"带病提拔"，推进干部能上能下，形成能者上、庸者下、劣者汰的用人机制。一是防止干部"带病提拔"。2016年8月，中共中央办公厅印发《关于防止干部"带病提拔"的意见》（以下简称《意见》），与《党政领导干部任用条例》互为补充。《意见》明确实行党委（党组）书记、纪委书记（纪检组组长）在拟提任人选廉洁自律情况结论性意见上签字制度，这是压实选拔任用工作责任的重大举措。《意见》还明确提出"凡提四必"要求，即干部档案"凡提必审"，个人有关事项报告"凡提必核"，纪检监察机关意见"凡提必听"，反映违规违纪问题线索具体、有可查性的信访举报"凡提必查"，确保人选忠诚、干净、有担当，成为防止干部"带病提拔"的有力武器。党的十八大以来，各级组织部门建立健全信件、电话、网络、短信"四位一体"的"12380"综合举报受理平台，结合巡视开展选人用人专项检查，建立干部选任工作纪实和责任倒查制度。"开展干部'带病提拔'问题专项治理，共对4075名'带病提拔'干部任用过程开展倒查，对682名责任人追究问责。"②同时，加强对干部选拔任用工作的全程监督，对选拔任用过程进行倒查，严肃追究出现"带病提拔"问题的相关责任人责任，严厉查处选人用人不正之风和腐败现象，铲除产生"带病提拔"的潜规则。二是推进干部能上能下的用人机制。2015年7月，党中央印发《推进领导干部能上能下若干规定（试行）》，为解决干部能"下"的问题提供了比较系统完善的方案。该规定规范了干部"下"的渠道、明确了不适宜担任干部的情形，新增了问责领导干部的情形，进一步推动形成优者能上、庸者必下、劣者淘汰的从政环境，完善了干部管理的制度环节、工作布局，标志着党的干部工作提升到一个新的高度。

---

① 《十八大以来重要文献选编》中，中央文献出版社2016年版，第253页。
② 吴储岐：《从严管理监督干部 促进忠诚干净担当》，《人民日报》2017年9月19日。

（三）着眼事业长远发展，改进年轻干部培养选拔

培养选拔优秀年轻干部是关系党和国家事业长远发展的根本大计。习近平总书记多次强调要把它作为一项重大战略任务来抓，提出要建设一支"忠实贯彻新时代中国特色社会主义思想、符合新时期好干部标准、忠诚干净担当、数量充足、充满活力的高素质专业化年轻干部队伍。"[①]2014年6月，党中央出台了《关于加强和改进优秀年轻干部培养选拔工作的意见》，强调要遵循干部成长规律，突出干部思想教育，着力建构以加强培养为基础、以选准选好为方法，以从严管理为保障的年轻干部培养选拔机制，提高了优秀年轻干部培养选拔工作的实效性。习近平总书记在2018年全国组织工作会议上进一步强调，优秀年轻干部的培养选拔，是加强领导班子和干部队伍建设的一项基础性工程，是保证党的伟大事业后继有人的战略布局。各级党委（党组）要按照《关于适应新时代要求大力发现培养选拔优秀年轻干部的意见》以及习近平总书记在全国组织工作会议上的要求，逐步建立起源头培养、跟踪培养、全程培养的素质培养体系；建立起日常考核、分类考核、近距离考核的知事识人体系；建立起以德为先、任人唯贤、人事相宜的选拔任用体系；建立起管思想、管工作、管作风、管纪律的从严管理体系；建立起崇尚实干、带动担当、加油鼓劲的正向激励关爱体系，健全完善年轻干部选拔、培育、管理、使用环环相扣又统筹推进的全链条机制，形成了优秀年轻干部不断涌现的生动局面。

（四）从严管理监督，打造忠诚干净担当的干部队伍

党要管党首先是管好干部，从严治党关键是从严治吏。党的十八大以来，我们党逐步建立了完善的干部管理监督体系。一是完善领导干部工作监督机制。领导干部工作监督机制是从严管理干部的基础工程，领导干部监督机制不完善带来了用人不正之风的问题。为严格选人用人监督机制，2014年1月，中共中央印发了《关于加强干部选拔任用工作监督的意见》，大力整治干部群众反映突出的用人问题，严肃查处违规用人问题，严肃追究责任人员，有效

[①]《习近平在全国组织工作会议上强调 切实贯彻落实新时代党的组织路线 全党努力把党建设得更加坚强有力》，《人民日报》2018年7月5日，第1版。

落实执行《党政领导干部选拔任用条例》。中共中央组织部于2014年至2016年先后下发了《关于严禁超职数配备干部的通知》《关于组织人事部门对领导干部进行提醒、函询和诫勉的实施细则》《配偶已移居国（境）外的国家工作人员任职岗位管理办法》等文件，强化了干部管理体制和监督机制的改革力度。2017年6月，中共中央办公厅、国务院办公厅印发《领导干部报告个人有关事项规定》和《领导干部个人有关事项报告查核结果处理办法》，强调加强干部日常管理监督，是贯彻全面从严治党部署要求、加强领导干部管理监督的又一重要举措。二是改进领导干部政绩考核机制。为进一步落实全面从严治党的要求和部署，2013年12月，中央组织部印发的《关于改进地方党政领导班子和领导干部政绩考核工作的通知》，给各地各部门提出了建立健全科学的领导干部政绩考核评价体系的任务。各地各部门根据通知要求，坚持抓关键、抓细节、抓落实，把社会的进步、生态效益的提高、民生工作的改善等纳入考核内容，有效遏止了领导干部政绩考核中的不正之风。三是完善基层干部管理制度。基层干部是党的各项事业扎实落实的推动者，基层干部工作的积极性、主动性的高低事关党和国家事业的发展。为打破基层公务员职务晋升空间小、待遇提高慢、人才留不住的现状，2015年1月，中央办公厅和国务院办公厅联合印发《关于县以下机关建立公务员职务与职级并行制度的意见》，明确基层公务员职务、职级、待遇相互关联的制度，强调提高基层干部的待遇，激励广大基层干部有所作为，基层干部职业发展的难题得到了有效缓解。四是完善事业单位人事管理制度。2014年4月，国务院印发《事业单位人事管理条例》，对事业单位人员管理制度查漏补缺，明确了包括宣传思想文化、各类学校等在内的行业事业单位人员管理办法，强调落实专业技术类、行政执法类公务员管理规定，深化了事业单位人事管理制度改革。2015年6月，中央办公厅印发《事业单位领导人员管理暂行规定》，明确重申事业单位领导人员管理的原则和制度，事业单位领导人员选拔任用和管理监督制度得到了进一步完善，为社会公益事业又好又快发展提供了人才支撑。2018年5月，中共中央办公厅印发《关于进一步激励广大干部新时代新担当新作为的意见》，对建立激励机制和容错纠错机制，进一步激励广大干部新时代新担当新作为提出明确要求，充分调动和激发了干部队伍的积极性、主动性、创造性。

五、以作风建设为抓手，党风政风持续好转

习近平总书记指出："党的作风建设始终是摆在我们面前的一项重大而紧迫的任务，抓作风建设一丝都不能放松、一刻都不能停顿"①。党的十八大以来，党中央坚持作风建设永远在路上，以严格执行中央八项规定为突破口，严明工作作风和生活作风，深入开展群众路线教育实践活动、"三严三实"专题教育，推进"两学一做"学习教育常态化制度化，强化党性修养，传承优良党风，效果显著，形式主义、官僚主义、享乐主义和奢靡之风得到有效遏制，党内风气得到净化、全面好转。

（一）落实八项规定严明作风

党的十八大以来，以习近平同志为核心的党中央针对作风建设中存在的严重问题，尤其是官僚主义、形式主义、享乐主义、奢靡之风愈演愈烈的问题，下发了《关于改进工作作风、密切联系群众的八项规定》（以下简称《规定》）。《规定》对如何改进会风、改进文风、规范出访活动、厉行节俭等做出了明确规定，给党的作风建设提供了可供操作的具体遵循。党中央从自身做起，带头践行八项规定，注重引导思想与规范行为相结合，形成了严明作风的高压态势。据统计，党中央先后制定出台了60多项关于落实八项规定的规章制度，其中，《党政机关厉行节约反对浪费条例》从根源上狠刹奢侈浪费之风，为60多项规章制度提供了基础依据。此后，《中国共产党廉洁自律准则》《党政机关国内公务接待管理规定》《中国共产党纪律处分条例》《关于全面推进公务用车制度改革的指导意见》《关于党政机关停止新建楼堂馆所和清理办公用房的通知》《因公临时出国经费管理办法》等一系列党内法规渐次出台。特别是《中国共产党廉洁自律准则》《中国共产党纪律处分条例》的实施，从纪律上保证了党中央八项规定精神的深化落实。此外，执纪部门认真履职，严肃查处，形成震慑效应。党的十八大以来，各地区执纪部门根据八项规定精神狠抓落实，严格执纪，打击社会上广泛存在的"舌尖上的浪费""会所中

---

① 《习近平谈治国理政》，外文出版社2014年版，第366页。

的歪风"等不正之风。① "全国共整顿各类会所512家、处置456家,关停高尔夫球场187个,核查清理625家驻京办事机构,做到应撤尽撤。"②党的十八大以来,"全国查处违反中央八项规定精神问题数19.3168万件,处理人数26.2594万人,给予党政纪处分14.5059万人。其中,给予党政纪处分省部级干部22人,地厅级1555人,县处级11882人,乡科级131600人。"③执纪部门精准发力,绝不姑息放纵任何违反八项规定的歪风邪气,攻克了作风顽瘴痼疾。2017年6月国家统计局调查结果表明,"94.8%的受调查对象肯定以习近平同志为核心的党中央制定和落实中央八项规定的成效,85.5%认为中央八项规定实施以来身边党员干部工作作风有明显改进,89.5%认为党员干部工作作风带动社会风气有明显改进。"④

党的十九大后,习近平总书记强调:"要锲而不舍落实中央八项规定精神,保持党同人民群众的血肉联系。"⑤ "党的十九大以来,截至2018年11月底,全国共查处违反中央八项规定精神问题6.9万起,处理党员干部9.7万人,给予党纪政务处分6.9万人。"⑥总之,党中央的带头示范、执纪部门的认真履职,使人民群众看到了党全面从严治党的决心和恒心,使党赢得了广大人民群众的拥护和支持,增强了党同人民群众的血肉联系,增强了党执政的群众基础。

(二)严治"四风"匡正党风

2013年4月28日,习近平总书记在与全国模范代表座谈讲话中指出,形式主义、官僚主义、享乐主义和奢靡之风使党同人民群众的关系逐渐疏远,是党内作风问题的集中表现。党中央通过群众路线教育、专项整治、监督问责,从源头上改善了党风,赢得了民心,厚植了党的执政基础。一是开展专项整

---

① 习近平:《在党的群众路线教育实践活动总结大会上的讲话》,人民出版社2014年版,第3页。

② 赵兵:《八项规定赢得党心民心》,《人民日报》2017年12月4日,第10版。

③ 同上。

④ 同上。

⑤ 崔耀中等著:《不忘初心 走向复兴:新时代新思想新征程》,人民出版社2018年版,第272页。

⑥ 《正风肃纪 久久为功——党的十九大以来全面从严治党成果巡礼之三》,《人民日报》2019年1月9日,第1版。

治。党中央针对具体问题进行专项整治，出重拳、用重典，形成了整治"四风"的严格标准和高压态势。对于违规收送礼品礼金、违规配备公务用车、违规发放津补贴等"四风"问题，一经发现，立即查处。不论身份地位，一旦露头，直接点名，即刻曝光，决不姑息。体现了党对待"四风"问题不放过任何一个人、不放过任何一个角落的严肃坚定态度。这样的态度使一直以来被人民群众认为不可能改变的歪风邪气得到了根本性的改变，公款吃喝、公车私用、铺张浪费等现象实现了实质性的转变。二是监督惩治力度空前。改善党内作风建设的关键是监督。党的十八大以来，党中央把整顿"四风"贯穿到党内各项工作的全过程，并且坚持"无禁区、全覆盖、零容忍"的刚性原则，增强监督惩治力度，对党员干部作风的改变产生了极大推动作用。[1]在时间节点上，紧盯元旦、春节、端午、中秋、国庆等节假日不懈怠，明确禁止公款拜年、公款送礼、公款购置年货等公款消费活动，精简表彰会、茶话会等系列会议；在领域监督上，紧盯征地拆迁、教育环保、医疗卫生、食品安全等人民群众最关心的领域不放松，在强调党内监督的同时，发挥舆论监督、网络监督等社会监督力量的作用，使"四风"问题无处遁形，难逃法网；在主体责任上，实行党员干部包案到人、限期整改、逐项销号等措施，强化全体党员干部的责任意识，以此推动"四风"问题得到有效解决。经过一系列专项整治和监督惩治，逐步形成反"四风"的常态化、制度化。

党的十九大后，习近平总书记强调"要继续在常和长、严和实、深和细上下功夫，密切关注享乐主义、奢靡之风新动向新表现，坚决防止回潮复燃"[2]，并对反对形式主义、官僚主义作出一系列重要指示。中央纪委组织多次专题学习，并全面了解分析当前形式主义、官僚主义的主要表现形式。2018年9月，中央纪委印发《关于贯彻落实习近平总书记重要指示精神集中整治形式主义、官僚主义的工作意见》（以下简称《工作意见》），明确了重点整治的在贯彻落实中央重大决策部署中空喊口号、不担当不作为不负责、漠视群众利益和疾苦等12类具体问题，提出了具体工作措施。各地各部门结合自身实际贯彻落实《工作意见》，采用多种形式全面启动、部署开展整治形式主义、

---

[1]《习近平谈治国理政》第二卷，外文出版社2017年版，第166页。

[2]《全面贯彻落实党的十九大精神　以永远在路上的执着把从严治党引向深入》，《人民日报》2018年1月12日，第1版。

官僚主义工作，[①]并在集中整治形式主义、官僚主义中走向纵深。

（三）为民务实传承优良党风

党的作风体现着全党在组织、思想、政治、工作、生活等方面一贯的精神风貌和行为倾向，关系着党各项事业的兴衰成败。中国共产党在革命、建设和改革开放的长期实践中逐步形成并发展了理论联系实际、密切联系人民群众、批评与自我批评相结合、民主集中制、谦虚谨慎艰苦奋斗等优良党风。党的十八大以来，为突出"四风"整治，加强党内思想教育，以习近平同志为核心的党中央组织开展了一系列学习教育活动，目的明确、问题聚焦、统筹全局、层层落实，党的作风建设取得了良好效果。一是扎实开展党的群众路线教育实践活动。为夯实思想基础、转变党政之风、保持清廉本色，党中央决定于2013年下半年起在全党范围内开展党的群众路线教育实践活动。此次群众路线教育实践活动自上而下分两批进行，第一批活动于2013年6月18日启动，以县处级以上领导干部、领导班子和领导机关为教育重点；第二批活动始于2014年1月，主要集中于基层组织和广大党员。在党中央示范引领下，地方各级党组织和党员干部积极践行，以为民务实清廉为主要内容，从中央八项规定入手，坚决落实学习教育、查摆问题和整改立规三个环节，着力整治"四风"顽疾。此次教育活动使全党上下又一次受到了马克思主义群众路线的思想教育，遏制了"四风"现象，增强了服务群众意识，筑牢了廉洁务实根基，落实了建章立制传统，实现了党风政风好转，牵引着全面从严治党的深入推进。二是深入推进"三严三实"专题教育活动。2014年3月，习近平总书记强调要全力推进以"三严三实"为总要求的作风建设，为广大党员干部提供了重要的行为遵循；2015年4月正式启动"三严三实"专题教育活动。此次教育活动以县处级以上领导干部为关键对象，地方各级党员干部认真贯彻，注重深入学习，抓好重点工作，突出问题导向，坚持以上率下，强化责任落实，认真整改"四风"问题。此次教育活动指向明确、重点突出、贯彻到位，解决了党内不严不实的问题，巩固了群众路线教育实践活动的成果，深化了"四风"整治的力度，强化了思想教育和作风建设，使各级领导干部

[①]《正风肃纪 久久为功——党的十九大以来全面从严治党成果巡礼之三》，《人民日报》2019年1月9日，第1版。

在学习教育和日常工作中坚定了理想信念，提高了党性修养，发扬了求真务实精神，为坚持党要管党、从严治党奠定了坚实的思想基础，营造了良好的政治生态。

贯彻落实"两学一做"学习教育活动。为了进一步解决党内存在的作风问题，实现党内教育向基层落实，集中性教育向经常性教育转变，2016年党中央积极引导全党上下进行了"两学一做"学习教育活动。此次学习教育活动面向全党上下所有党员，抓住领导干部等"关键少数"，提出"学党章党规、学系列讲话、做合格党员"要求，强调日常教育、党课学习、民主评议和监督、领导带头、克己修身等方式，注重知行结合、学做一致，突出"两学一做"学习教育的全覆盖、制度化、常态化、实效化发展。"两学一做"学习教育取得了显著成效，全体党员提高了思想政治觉悟，立起了合格党员的标尺，增强了为人民服务的宗旨意识，明确了党员干部的责任与使命，严肃了党风党纪，拉近了与人民群众的距离。广大人民群众明显感受到党内纪律严明、政治清明、作风优良，为民务实的党员干部多了，贪污腐败的党员干部少了，反映强烈的作风问题得到了解决，自身正当利益得到了维护。

党的十九大后，中共中央政治局召开会议，决定从2019年6月开始在全党自上而下分两批开展"不忘初心、牢记使命"主题教育。其后，中央"不忘初心、牢记使命"主题教育领导小组印发《关于抓好第一批主题教育学习教育、调查研究、检视问题、整改落实工作的通知》，这确保了主题教育的有序开展。主题教育活动对于教育引导党员、干部铭记"为中国人民谋幸福，为中华民族谋复兴"的"初心"和"使命"，切实用党的创新理论武装头脑，推动全党更加自觉地为实现新时代党的历史使命不懈奋斗具有重大意义。

六、以强力反腐为震慑，反腐斗争取得压倒性胜利

"腐败问题对我们党的伤害最大，严惩腐败分子是党心民心所向，党内决不允许有腐败分子藏身之地。"[①]腐败一直为党和人民所深恶痛绝。党的十八大以来，党中央着眼于当前形势，将反腐败斗争作为全面从严治党的重要内

---

①《惩治腐败　深得人心》，《人民日报》2014年7月31日，第1版。

容，致力于"强化不敢腐的震慑，扎牢不能腐的笼子，增强不想腐的自觉"[①]，保持高强度、稳节奏，循序渐进地推进反腐败斗争工作的开展，取得显著成效。

（一）"打虎""拍蝇""猎狐"已成反腐常态

党的十八大以来，以习近平同志为核心的党中央坚持反腐败无禁区、全覆盖、零容忍，"打虎""拍蝇""猎狐"已形成反腐常态，已初步实现了"不敢腐"的目标。

密集"打虎"无禁区、全覆盖。一批高级干部、中管干部、厅局级干部在无禁区、全覆盖的密集"打虎"中被纷纷击落。据统计，截至2017年6月底，全国共立案审查中管干部280多人、厅局级干部8600多人、县处级干部6.6万人。[②]以上"打虎"成绩彰显了党中央反腐的力度，发挥"打虎"的威力和震慑力，查处干部的级别和人数向人民兑现了打虎"无禁区"的庄严承诺，无论官阶大小、职位高低，只要"敢露头"，我们就敢打，这彻底改变了人们对反腐的传统认知，党中央在反腐斗争中动真碰硬，彻底打破了所谓的"禁区"和"惯例"。

"拍蝇"零容忍、不手软。对腐败的惩治不在于腐败的大小，始终坚持有腐必惩、有贪必肃，哪里有腐败，反腐工作就要开展到哪里。党的十八大以来，党中央清醒地认识到基层微腐败的严重危害，深刻认识到"小贪小腐"也能造成大祸患。因此，党中央不仅敢于无禁区"打虎"，也坚持零容忍"拍蝇"，着力整治基层的不正之风和腐败问题，致力于铲除微腐败，肃清"蝇贪鼠害"。据统计，截至2017年6月底，共处分乡科级及以下党员干部134.3万人，处分农村党员干部64.8万人，中央纪委开展5轮督办，对乱作为、不作为的3.1万名基层党员干部严肃追责。[③]百姓身边的小贪小腐得到有效整治，肃清了人民身边的"蝇贪鼠害"，净化了基层的政治生态环境，使人民的正当权益得

---

①《全面贯彻落实党的十九大精神 以永远在路上的执着把从严治党引向深入》，《人民日报》2018年1月12日，第1版。

②《坚决打赢反腐败这场正义之战——党的十八大以来反腐败斗争成就述评》，《人民日报》2017年9月18日，第1版。

③ 赵兵：《打虎拍蝇 惩腐肃贪》，《人民日报》2017年10月17日，第15版。

到有效保障。党中央把2018年作为脱贫攻坚作风建设年，中央纪委从2018年起开展为期3年的扶贫领域腐败和作风问题专项治理。党的十九大以来，全国共查处扶贫领域腐败和作风问题13.31万个、处理18.01万人；全国共查处群众身边腐败和作风问题23.87万个，处理31.6万人。[①]

海外"猎狐"，凡逃必追，一追到底。"不能让外国成为一些腐败分子的'避罪天堂'，腐败分子即使逃到天涯海角，也要把他们追回来绳之以法，5年、10年、20年都要追，要切断腐败分子的后路。"[②]这是党的十八大以来，中国共产党对海外追逃追赃工作作出的庄严承诺，将反腐败斗争推向了全球合作。2014年通过的《北京反腐败宣言》，是中国在反腐败国际合作中的首度发声，充分体现了中国共产党反腐的决心和加强国际反腐合作的立场。党中央反腐败协调小组、中央纪委、公安部等部门相继采取措施，加大海外追逃追赃力度，如设立国际追逃追赃办公室、设立国际合作局、设立追逃追赃研究中心、开展"猎狐"专项行动、启动"天网行动"、发布百名外逃人员红色通缉令等；截至2016年，海外追逃追赃协调机制在中央相关单位、各省区市和驻外使领馆已全部建立，并通过二十国集团等多边框架开展国际追逃追赃合作；2017年通过《金砖国家领导人厦门宣言》，在本次会晤中，与会领导人就腐败对经济可持续发展的危害性具有共同的深刻认识，并倡导加强金砖国家反腐合作，强调要加强对话与经验交流，鼓励在全球范围内增强预防和打击腐败的力度。截至2017年8月底，通过"天网行动"先后从90多个国家和地区追回外逃人员3339人，追回赃款93.6亿元，"百名红通人员"已到案40余人。[③]加强反腐败国际合作，再次警示了"海外不是法外"，再无"避难天堂"，向全世界释放了中国一追到底的坚定决心。

（二）权力运行制度笼子越扎越紧

权力容易使人"任性"，无论是权力本身还是权力运行，若是对其监督和

---

① 《全面从严治党启新局——写在十九届中央纪委三次全会召开之际》，《人民日报》2019年1月11日，第1版。

② 《习近平关于党风廉政建设和反腐败斗争论述摘编》，中央文献出版社2015年版，第98页。

③ 瞿永冠：《截至8月底"天网行动"追回外流赃款近百亿元》，《广州日报》2017年10月12日。

制约不到位，就容易滋生腐败，所以，反腐的核心在于权力的制约和监督。这就需要将权力关进制度的笼子里，既能使法定的权力得以充分地行使，又能有效防止权力寻租和切断利益输送链条。注重权力运行制度的建设和完善，有利于巩固反腐成效，使"不能腐"的笼子越扎越紧。

狠抓党内制度法规建设，划定权力运行边界。制度治党的前提在于建立完善的制度体系，这是反腐的硬性约束，为"不敢腐"目标的实现提供制度保障。党的十八大以来，党中央为建设系统化的反腐败制度，一方面，"查漏补缺"，补齐反腐制度的短板和漏洞，出台满足现阶段需要的新制度，实现有法可依，有章可循；另一方面，修订和完善现有制度，发挥现有反腐制度的震慑力。党的十八大以来，党中央针对当前反腐形势，为增强制度对权力的硬约束，先后出台和修订党内法规50余部，如《中国共产党廉洁自律准则》《中国共产党问责条例》《中国共产党纪律处分条例》《关于防止干部"带病提拔"的意见》《中国共产党巡视工作条例》，党内法规体系基本建成，为权力运行划定边界，充分发挥了制度治党管党的重要作用。

强化监督检查和追责问责，把各项制度落到实处。制度的生命在于执行，习近平总书记指出："要加大贯彻执行力度，让铁规发力、让禁令生威，确保各项法规制度落地生根。要加强监督检查，落实监督制度，用监督传递压力，用压力推动落实。"①一方面，党内法规制度的落实在于监督检查，监督不力、检查不严，制度则无法得到有效落实；另一方面，党内法规制度落实在于"责"，制度的执行关键在权力主体，有权必有责，要理顺权力与责任关系，明确主体责任，不加强追责问责，制度则形同虚设。党的十八大以来，党内法规制度体系在不断地完善，党中央在注重制度制定的同时，也狠抓制度执行，坚持制定与实施并重，充分发挥制度反腐的效用。

（三）预防腐败堤坝的构筑日臻完善

为取得反腐败斗争的压倒性胜利，在反腐的过程中，要坚持惩治与预防并重，实现标本兼治，不仅需要增强反腐惩治力度，完善反腐制度建设，强

---

① 《加强反腐倡廉法规制度建设 让法规制度的力量充分释放》，《人民日报》2015年6月28日，第1版。

化监督检查、落实追责问责，实现"不敢腐"和"不能腐"，还需要在此基础上加强党员干部的思想建设，从根本上掐断腐败的苗头，以有效地预防腐败滋生，实现向"不想腐"的自觉转变。党的十八大以来，党中央致力于提高拒腐防变能力，积极构筑预防腐败的堤坝，除增强腐败惩治力度和加强制度建设之外，还体现在以下两个方面：

一是加强党员干部党性修养。增强党员干部理想信念教育，这不仅关乎党员自身的发展，更关系到党和国家的稳定和发展，所以对此要予以高度重视，有计划、有目的地对党员干部开展定期与不定期的理想信念教育，提升党员干部的党性修养，防止思想走下坡路，增强思想的纯洁性和自律性，遏制腐败滋生。党中央通过密集开展多种形式的教育活动为党员干部"补钙"，防止党员干部思想发生病变，如"三严三实"专题教育、"两学一做"等教育活动。纵观近年来落马的官员，无不始于理想信念的动摇，思想的滑坡，最终追悔莫及，所以要加强思想教育，提高广大党员干部自觉抵制腐败的能力。

二是加强反腐倡廉教育和廉政文化建设，营造风清气正的良好氛围。党中央针对当前反腐斗争形势做了新的战略部署，将反腐倡廉教育与廉政文化建设作为从根本上防治腐败的一项基础性工作，逐渐明确反腐倡廉的目标和方向，发挥反腐倡廉教育对广大党员干部的道德教化功能，从而自觉树立廉洁自律意识，真正实现"不愿腐""不想腐"。党的十八大以来，党中央着力于反腐倡廉教育和廉政文化建设这项基础性工作，一方面，加强廉政制度建设，提供外在的制度规约；另一方面，加强反腐宣传教育，完善廉洁教育内容，改进反腐教育方式，坚持"软硬兼施"，使得广大党员干部在廉洁自律的氛围中守住底线、不碰高压线，做到心有所戒、行有所止。

七、以制度建设为保证，扎紧管党治党的制度笼子

制度事关根本，关乎长远。在全面推进惩治和预防腐败体系建设的过程中，习近平总书记强调，"要加强对权力运行的制约和监督，把权力关进制度的笼子里，形成不敢腐的惩戒机制、不能腐的防范机制、不易腐的保障机

制"。①党的十八大以来，在全面从严治党实践的基础上，通过制定新的法规制度、完善修订已有的法规制度、废止不适应的法规制度、强化制度的执行落实，基本形成了以《党章》为根本，若干配套党内法规为支撑的，基础性、综合性和专门性党内制度并存的党内法规制度体系。这些制度凝结着党的十八大以来管党治党理论和实践创新成果，为全面从严治党提供了有力的制度保障。

（一）全面筛查和清理党内法规

新中国成立之后，尚未对已出台的党内法规进行筛查和清理，庞杂的党内法规制度已经不适应当前的发展。把权力关进制度的笼子，首位任务是健全科学的党内法规制度体系，因此全面清理党内法规可以有效解决党内法规制度中存在的问题，为党要管党、从严治党提供更加科学有力的制度遵循。2013年8月，《中共中央关于废止和宣布失效一批党内法规和规范性文件的决定》的出台，标志着我们党完成了历史上对党内法规和规范性文件的第一次全面系统清理，清理的范围包括1978年至2012年6月期间中央制定的所有767件法规和规范性文件。到2014年底，党中央部署完成了对第二阶段清理范围即新中国成立至1977年期间中共中央制定的411件党内法规和规范性文件的清理工作。至此，党中央系统全面清理了新中国成立至2012年6月期间中央出台的全部文件，共清理党内法规和规范性文件1178件，其中322件在清理中被废止、369件被宣布失效，二者合计占到58.7%。通过本轮清理全面掌握了党内法规制度建设的基本数据，对客观评估党内法规制度建设和发展现状提供了客观依据。

（二）完善党内法规制度体系

党的十八大以来，党中央颁布了一系列党内法规，管党治党的篱笆越扎越紧。2015年8月，中共中央颁布《中国共产党巡视工作条例》，将十八大以来党中央巡视工作方针和实践经验，以法规制度形式确定下来，并明确提出落实全面从严治党"两个责任"的要求。2015年10月，中共中央政治局审议

---

①《习近平谈治国理政》，外文出版社2014年版，第388页。

通过《中国共产党廉洁自律准则》和《中国共产党纪律处分条例》。两部法规坚持依规治党和以德治党相结合，分别以正面倡导和负面清单向全党提出高标准和守底线的要求。习近平总书记强调，"坚持有责必问、问责必严"①，《中国共产党问责条例》于2016年7月经中共中央政治局审议通过，这是第一部规范党的问责工作的基础性法规，为全面从严治党提供了新的制度利器。2016年10月，党的十八届六中全会审议通过了《关于新形势下党内政治生活的若干准则》和《中国共产党党内监督条例》，两部法规以党章为根本遵循，在继承和发扬党在长期实践中形成的优良传统和基本规范的基础上，同时结合新形势下党内出现的新情况，制定了新的规定，全面提高了党内政治生活和党内监督的制度化、规范化、程序化水平。2017年1月，党的十八届中央纪委七次全会审议通过《中国共产党纪律检查机关监督执纪工作规则（试行）》，全面梳理整合监督执纪相关制度，切实把纪委的权力关进了制度笼子。2018年8月，中共中央关于印发《中国共产党纪律处分条例》，将党的纪律建设的理论、实践和制度创新成果，以党规党纪形式固定下来，着力提高纪律建设的政治性、时代性、针对性。突出强调要严明政治纪律和政治规矩，把坚决维护习近平总书记党中央的核心、全党的核心地位，坚决维护党中央权威和集中统一领导作为出发点和落脚点。

（三）深化党的建设制度改革

按照中央全面深化改革总体部署，由中央组织部牵头，成立了党的建设制度改革专项小组。专项小组统筹近期和中长期改革任务，制定实施《深化党的建设制度改革实施方案》，从深化党的组织制度、干部人事制度、基层组织建设制度、人才发展体制机制改革4个方面，提出了55项具体改革任务。目前，已出台38项改革举措，其他改革举措将陆续完成。切实增强制度执行力。中央改革办专门成立了督察局，对重点改革文件执行情况进行督察。把党内法规执行纳入党委督察重要内容，建立健全党内法规执行检查常态化机制，坚决维护制度的严肃性和权威性。

习近平总书记在党的十九大报告中提出新时代党的建设总要求，总要求

---

① 《习近平关于全面从严治党论述摘编》，中央文献出版社2016年版，第125页。

进一步凸显制度建设在党的建设中的基础性地位，把制度建设摆到更加重要的位置，为新时代党内法规制度建设，提供了思想指南和行动指引。2018年2月，中共中央印发的《中央党内法规制定工作第二个五年规划（2018—2022年）》（简称"二五规划"）着眼于到建党100周年时形成比较完善的党内法规制度体系，对今后5年党内法规制度建设进行顶层设计，提出了指导思想、目标要求、重点项目和落实要求，是推进新时代党内法规制度建设的重要指导性文件。据报道，2018年共印发中央党内法规74部[①]，党内法规制度建设成果丰硕。

---

① 《2018年共印发中央党内法规74部——党内法规制度建设成果丰硕》，《人民日报》2019年1月8日，第6版。

第三章 党的十八大以来全面从严治党的重要经验

党的十八大以来，中国共产党深化认识管党治党的基本规律，弘扬管党治党的优良传统，有效应对党面临的风险和挑战，取得了全面从严治党的卓著成效。习近平总书记在十九届中央纪委二次全会上站在新时代党和国家事业发展全局的高度，从不同角度、不同方面总结了党的十八大以来全面从严治党取得的重要经验，对开创全面从严治党新局面提出了新要求，为推进全面从严治党向纵深发展提供了遵循。全面从严治党是保持马克思主义执政党独特优势的重要举措，是引领伟大斗争、推进伟大事业和实现伟大梦想的根本保证。总结梳理党的十八大以来全面从严治党的重要经验，不仅有利于推进党的建设理论创新，而且有利于推进党的建设实践发展，从而进一步增强全面从严治党的系统性、创造性和实效性。

一、坚持思想建党和制度治党相统一

习近平总书记在十九届中央纪委二次全会上强调，全面从严治党"要坚持思想建党和制度治党相统一，既要解决思想问题，也要解决制度问题，把坚定理想信念作为根本任务，把制度建设贯穿到党的各项建设之中。"思想建党是通过开展思想教育、统一价值追求、坚定理想信念等方式，确保广大党员在组织上入党的同时实现思想上入党，以保持党的先进纯洁、团结统一、奋斗进取。制度治党是通过不断推进、完善、创新党的制度建设，构建全面系统、务实管用、执行有力的制度体系的方式，严格党内政治生活和规范党员干部从政行为，保证党的肌体健康和权力的正常运行。思想建党是实施全面从严治党战略的首要前提，制度治党是实施全面从严治党战略的根本保证，二者贯穿于党的建设各方面，统一于全面从严治党全过程。坚持思想建党和制度治党相统一，既是对马克思主义政党建设经验的传承，又是新时代党的建设的创新，更是全面从严治党的必然要求。一方面，全面从严治党要靠思想引导，着力解决党员干部的价值观念问题，锤炼党员干部的政治品格和党性修养；另一方面，全面从严治党要靠制度约束，把内在的柔性引导力转化为外在的刚性约束力，规范党员干部行使人民赋予的权力。思想建党与制度治党刚柔并济、相得益彰，只有坚持二者的深度融合、同向发力，才能为全面从严治党夯实思想基础和筑牢制度防线。

（一）保持思想建党的独特优势

坚定理想信念，守护好共产党人的政治灵魂。习近平总书记指出，"理想信念就是共产党人精神上的'钙'，没有理想信念，理想信念不坚定，精神上就会'缺钙'，就会得'软骨病'。"[1]因此，构建经受任何考验、化解各种风险的精神支柱，保持抵抗各种干扰和诱惑的政治定力，要求广大党员干部既要仰望星空又要脚踏实地，自觉做"远大理想"和"共同理想"的坚定信仰者、忠实实践者。首先，学习马克思主义理论是提升理论素养、坚定理想信念的内在要求。马克思主义是中国共产党人理想信念的灵魂，党员干部要掌握马克思主义理论这个兼具世界观和方法论、真理性和价值性的看家本领，运用马克思主义立场观点方法把握人类社会发展的基本规律，认识共产主义在历史长河中的进步性，坚定共产主义理想信念。其次，运用马克思主义理论指导社会实践是强化理想信念的重要方法。党中央不仅发出了加强理论学习、建设精神家园的号召，更是注重马克思主义的实践性特征，主张把真学、真懂、真信与真用统一起来，要求在社会实践大课堂、基层第一线中磨砺品行和意志，将伟大理想信念融入各项具体工作，使马克思主义信仰落地生根，并在植根实践、指导实践中彰显长久而强大的生命力。

推进思想理论创新，提升党的思想引领力。党的十八大以来，以习近平同志为核心的党中央把握时代脉搏、抓住时代机遇，把共同理想与远大理想

---

① 习近平：《紧紧围绕坚持和发展中国特色社会主义 学习宣传贯彻党的十八大精神》，《人民日报》2012年11月19日。

统一起来，积极回应人民追求幸福美好生活的诉求和愿望，用理论和实践回答了新时代中国特色社会主义发展的若干重大问题，创立了习近平新时代中国特色社会主义思想。这一思想是马克思主义中国化的最新理论成果，为推进新时代全面从严治党战略提供了思想源泉和精神旗帜。党中央高度重视用习近平新时代中国特色社会主义思想武装党员干部头脑，要求党员干部坚持学原著、读原文，并把马克思主义基本原理同党的十八大以来的理论创新结合起来，科学领会习近平新时代中国特色社会主义思想精髓，做到对习近平新时代中国特色社会主义思想的认知认同，推动习近平新时代中国特色社会主义思想入脑入心。同时，党中央要求广大党员干部不仅要用习近平新时代中国特色社会主义思想改造自身主观世界，还要用这一思想改造外部客观世界。因为只有将这一思想运用于社会主义现代化建设实践，中国共产党人的初心和使命才能得以体现和实现。中国共产党在习近平新时代中国特色社会主义思想指导下，引导广大党员干部深刻把握和适应社会主要矛盾的新变化，站在广大人民群众的立场，贯彻落实"五位一体"总体布局和"四个全面"战略布局，促进经济社会繁荣发展，满足人民群众对美好生活的需要，让广大人民拥有更多的获得感、幸福感和安全感。

推动主题教育常态化，创造马克思主义理论教育平台。党的十八大以来，在全党上下持续开展谋划精心、主题鲜明、方式创新、内容丰富的主题教育实践活动，以学习统一思想、凝聚共识、促进发展，不断提升党的形象、威望和能力。开展党的群众路线教育实践活动，按照党风廉政建设要求，以贯彻落实中央八项规定为切入点，着力纠正"四风"问题，教育党员干部永葆为民情怀、树立马克思主义群众观，在践行党的群众路线过程中切实维护人民群众合法权益。开展"三严三实"专题教育活动，把党员干部的思想道德修养与谋事创业实践结合起来，严格党内政治生活和组织纪律，营造风清气正、干事创业的良好政治生态，不断增强党的"四自能力"。开展"两学一做"学习教育，从针对领导干部的集中性党内教育延伸到面向广大党员的经常性党内教育，把思想建设放在从严治党的突出位置，引导广大党员遵守党内规章制度，学习贯彻习近平新时代中国特色社会主义思想，坚定马克思主义理想信念，增强"四个意识"和"四个自信"，发挥先锋模范作用。开展"不忘初心、牢记使命"主题教育，不断推进新时代党的思想建设，使党员干部在思想政治上受到更加深刻的洗礼，自觉落实新时代背景下的理论学习、品格锤炼、使命担当等重大任务，永葆中国共产党人的初心和使命，密切党同人民群众的血肉联系。

（二）发挥制度治党的根本作用

全面从严治党不仅要进行思想教育，而且要依靠制度规范，实现思想自律与制度他律的结合。制度问题具有根本性、全局性、稳定性、长期性等特征，没有制度规范就不能组建组织严密、结构稳定、运行有序的政党，更不可能组建先进的强大的马克思主义政党。中国共产党作为马克思主义执政党，更需要将制度建设作为自身建设的根本要义与核心所在。制度治党在本质上就是要用法治思维、法治手段管党治党，通过采取刚性要求、强制执行等方式方法，发挥引导控制、规范约束、警示告诫、威慑惩罚等功能功效，达到规范党员干部言行举止的目的。党的十八大以来，针对党面临复杂的执政环境，以及党内存在的突出问题，党中央特别强调制度治党是全面从严治党的决定性因素，以改革创新、求真务实精神弥补党的建设在法规制度方面的短板，推动制度设计更加成熟和制度执行更加有力。

完善党内法规制度体系，扎紧党纪党规的笼子。首先，与时俱进修订完善党章。党章是党内法规制度体系的根本，在管党治党方面具有最高权威性，适时将党的创新思想理论成果纳入党章，添加时代元素、注入时代活力，为新时代全面从严治党提供总依据和总遵循。其次，坚持和完善民主集中制。民主集中制是党内法规制度体系的核心，党中央从领导干部主体和党的制度客体两个维度推进民主集中制建设。一是突出制度客体的根本性。重视将民主集中制融汇到党的政治制度建设、思想制度建设、组织制度建设、工作制度建设以及纪律作风制度建设中，使其成为党的各项制度的灵魂，成为每一个党员必须遵守的规范，用民主集中制支撑起全面从严治党伟大工程。二是强调领导干部主体的能动性。掌握权力的领导干部是坚持民主集中制的关键因素，在全党上下起着表率作用。习近平总书记强调，"民主集中制贯彻得怎么样，关键看高级干部做得怎么样"。[①]只有领导干部以身作则，"一把手"严

---

①《党的群众路线教育实践活动学习文件选编》，党建读物出版社2013年版，第13页。

格遵守制度规矩，杜绝个人专断行为，坚持集体领导制度，才能保证民主集中制的贯彻落实。再次，统筹推进党内法规制度建设。通过把准则、条例等中央党内法规作为党内法规制度体系的主干，相关规则、规定、办法、细则等配套法规作为党内法规制度体系的补充，形成涉及各位阶、各领域、各层面、各环节的兼具基础性和针对性的制度群，为贯彻落实全面从严治党总要求提供可靠制度保障。

增强制度的执行力，维护制度的严肃性和权威性。习近平总书记指出："民主集中制、党内组织生活制度等党的组织制度都非常重要，必须严格执行。"[1]推进全面从严治党的进程，必须将制度建设和制度执行力结合起来。一方面要以完善的、健全的制度为保障，通过强化顶层设计的方式深化党的制度改革、完善党的制度体系，建立健全以宪法为基础、国家法律为支撑、党内规章制度为关键的整体法规制度体系，形成各种制度整体合力；另一方面更要提高制度的执行力，运用制度的方式解决党内问题、协调党内矛盾和规范党员行为。规章制度的生命力在于执行，制定制度的目的不在于制度本身，而在于增强解决实际问题的指导性、针对性和规范性。有了好的制度如果得不到贯彻执行，制度也就只是纸老虎和稻草人，毫无震慑力和约束力可言。因此，制度治党的贯彻落实是全面从严治党的根本举措，务必坚持制度面前人人平等的原则，杜绝制度运行中出现特权和例外的现象，增强制度普遍的硬性的约束力，形成敬畏制度、遵守制度、捍卫制度的良好氛围，树立"不踩红线、不越底线"的规矩意识，养成"有令即行、有禁即止"的行为习惯，从而在根本上保障全面从严治党取得实效。

二、坚持使命引领和问题导向相统一

习近平总书记在十九届中央纪委二次全会上强调，全面从严治党"要坚持使命引领和问题导向相统一，既要立足当前、直面问题，在解决人民群众最不满意的问题上下功夫；又要着眼未来、登高望远，在加强统筹谋划、强

---

[1]《习近平总书记重要讲话文章选编》，中央文献出版社、党建读物出版社2016年版，第112页。

化顶层设计上着力"。使命引领事关党和人民事业的前途命运，是应对挑战、解决问题的动力源泉；问题导向关注现实实践及现实路径，是肩负使命、实现愿景的方式方法。坚持使命引领与问题导向相统一，揭示了全面从严治党过程中"长远目标"与"现实问题"的辩证统一关系。一方面，中国共产党要践行初心和使命，就必须坚持立党为公、执政为民的理念，提高党的领导水平和执政能力，有规划、有目标地实现人民群众对幸福美好生活的追求。另一方面，中国共产党要以问题为导向，及时关注经济社会发展中面临的各种现实问题，尤其是影响党群关系和谐、损害人民群众权益的突出问题，从而赢得人民群众的信任和支持，实现领导和执政的宏伟目标。因此，使命引领与问题导向紧密关联、不可分割，共同统一于全面从严治党过程中。只有坚持使命引领，增强历史使命感，牢记共产党人的根本宗旨，解决问题才有明确的方向和路径；只有坚持问题导向，直面和聚焦问题，在解决问题中强化责任心和使命感，践行使命才会落到实处和取得实效。

（一）牢记中国共产党的历史使命

中国共产党的历史使命，就是为中国人民谋幸福，为中华民族谋复兴。党的十九大报告指出："中国共产党一经成立，就把实现共产主义作为党的最高理想和最终目标，义无反顾肩负起实现中华民族伟大复兴的历史使命。"[1]在进入近代以后，中国社会遭遇"数千年未有之大变局"，为了摆脱内忧外患的黑暗境地、结束中国人民的深重苦难、改变中国人民的悲惨命运，中国共产党忠诚于历史和人民的选择，凭借浩然的革命勇气、强烈的担当精神、卓越的领导能力，在对外反对殖民侵略、对内反抗封建统治的斗争中成为主心骨。在开展新民主主义革命、从事社会主义建设、推进改革开放新的伟大革命的历史征程中，无论力量的大小还是境遇的顺逆，中国共产党都能够保持初心不改、矢志不渝的进取态势，带领中国人民为国家富强、民族振兴、人民幸福而不懈奋斗，取得了彪炳史册、举世瞩目的辉煌业绩。党的十八大以来，党中央实施全面从严治党战略，进一步强化全党上下的责任心和使命感。习近平总书记在庆祝中国共产党成立95周年大会上向全党发出"不忘初心、继

[1]习近平：《决胜全面建成小康社会 夺取新时代中国特色社会主义伟大胜利——在中国共产党第十九次全国代表大会上的报告》，《人民日报》2017年10月28日。

续前进"的伟大号召，党的十九大将"不忘初心、牢记使命"上升为会议主题，并要求在全党开展"不忘初心、牢记使命"主题教育，这些号召和要求旨在使党始终能够经受时代变迁的考验，推动全党更加自觉、更加主动地承载起新时代党的历史使命。

中国共产党的历史使命，为激励中国共产党人谋事创业提供了根本动力。首先，中国共产党的历史使命，集中体现了中国共产党的本质和宗旨，回答了"我是谁？为了谁？"这一根本问题。中国共产党在阶级属性上是"两个先锋队"，秉持"立党为公、执政为民"的理念，践行"全心全意为人民服务"的根本宗旨，代表中国最广大人民群众的根本利益。党中央要求广大党员始终保持先进性和纯洁性、赤子心和公仆心，充分发挥其在发展生产、奉献社会、服务群众中的先锋模范作用，在践行历史使命的过程中彰显一切为了人民、一切依靠人民的政治自觉。其次，中国共产党的历史使命，明确昭示了中国共产党奋斗的目标和方向，回答了"为什么奋斗？怎样奋斗？"这一重大问题。党中央要求广大党员遵从使命的召唤和引领，始终坚持共同理想和最高理想的辩证统一，更加自觉地投身于改革创新的时代潮流，通过统筹推进"五位一体"总体布局，协调推进"四个全面"战略布局，分阶段、有步骤地朝着"两个一百年"奋斗目标迈进，以永不懈怠的精神状态肩负党的历史使命，以一往无前的奋斗姿态完成党的历史使命。

新时代对中国共产党肩负历史使命提出了新要求，必须在统揽"四个伟大"中实现伟大梦想。随着中国特色社会主义进入新时代，中国社会主要矛盾发生了新变化，我们比历史上任何时期都更接近、更有信心和能力实现中华民族伟大复兴的目标。这就需要党的创新理论来引领广大党员践行初心和使命，以续写中华民族伟大复兴的新篇章。作为具有厚重的历史积淀、宽广的世界视野、鲜活的时代元素的创新理论，习近平新时代中国特色社会主义思想秉持中国共产党人的价值追求，弘扬马克思主义的崇高理想，围绕治国理政的各项重大命题，深刻回答了新时代背景下中国共产党应该承担怎样的历史使命以及如何肩负起历史使命这一重大理论和实践问题，开创了中国共产党人践行初心和使命的新境界。中国共产党的使命是历史逻辑与现实任务的统一，践行新时代中国共产党的历史使命，需要坚持习近平新时代中国特色社会主义思想的指导，在传承历史、立足现实和展望未来的治国理政实践中将伟大梦想与伟大工程、伟大斗争、伟大事业统筹推进，实现奋斗目标、领导力量、精神状态、必由之路的有机统一。即在深入推进党的建设新的伟大工程，开展解决矛盾、克服阻力、抵御风险、应对挑战的伟大斗争，坚持和发展中国特色社会主义的伟大事业的过程中，团结带领人民实现中华民族伟大复兴的中国梦。

（二）切实解决党内存在的突出问题

党的十八大以来，党中央以"踏石留印、抓铁有痕"的精神和方式，坚决改变和治理管党治党宽松软状况，全面从严治党取得历史性卓著成效，焕发了执政党的新的强大生机活力，密切了党群之间的血肉联系，夯实了党和国家事业持续健康发展的政治基石。但党内仍然存在一些尚未得到根本解决的人民群众反感痛恨的突出问题，全面从严治党永远在路上。一个政党及其政权的生命力归根结底取决于人心向背，如果不能从根本上解决人民群众反映最强烈的突出问题，长此以往势必威胁到执政党的执政基础。党的十九大报告告诫全党，要清醒认识中国共产党执政环境及影响党的先进性和纯洁性的因素的复杂性，深刻认识党面临的"四大考验"的长期性和复杂性，深刻认识党面临的"四种危险"的尖锐性和严峻性。因此，为了守护好党的生命线、保持好党的战斗力，有效地肩负和完成党的历史使命，必须始终坚持以党内存在的突出问题为导向，牢牢把握加强党的长期执政能力建设、先进性和纯洁性建设这条主线，将"勇于自我革命"与"领导社会革命"一体推进，推动全面从严治党向纵深发展。

解决党内存在的突出问题要以密切党群之间血肉联系为旨归。2013年6月，习近平总书记在全国组织工作会议上强调："如果管党不力、治党不严，人民群众反映强烈的党内突出问题得不到解决，那我们党迟早会失去执政资格，不可避免被历史淘汰。"[①]中国共产党始终坚持党性和人民性的统一，"来自人民、植根人民、服务人民"作为中国共产党的根本特性，内在规定了解决党自身存在问题的根本目的在于保障人民群众的主体地位，更好地贯彻落

---

① 《习近平总书记重要讲话文章选编》，中央文献出版社，党建读物出版社2016年版，第71页。

实以人民为中心的执政理念，实现党群关系的紧密和谐。因此，从本质上讲，解决党内存在问题的初衷与坚持人民群众的主体地位高度契合，要求执政党在加强自身建设中始终坚持以人民群众的根本利益为出发点和落脚点。从出发点来看，执政党在查找问题、分析问题、解决问题时都要站在人民立场，着眼于人民群众日益增长的美好生活需要，始终弘扬密切联系群众的优良作风，及时关注人民群众的想法和诉求；从落脚点来看，要以为民服务的实效来检验执政党代表人民行使职权的成果，就是党解决问题、改善工作是否尊重人民群众的主体地位，人民群众意志愿望和权利利益是否充分体现和实现。所以，新时代加强党的建设、践行党的群众路线，必须从解决群众关心的热点重点难点问题入手，全面推进党风廉政建设，从严抓好党群、干群关系。

解决党内存在的突出问题要以增强党的"四自能力"为抓手。党的十九大报告强调："不断增强党自我净化、自我完善、自我革新、自我提高的能力，始终保持党同人民群众的血肉联系。"①增强党的"四自能力"，体现了中国共产党在解决自身问题、推动自身建设方面的自觉性和能动性，已经成为党的十八大以来推进全面从严治党的着力点，无论是对于提高党的长期执政能力还是保持先进性和纯洁性来说都至关重要。一方面，增强党的"四自能力"是保持党的先进性和纯洁性的内在要求。彻底医治损害党的先进性和纯洁性的病症，坚决祛除滋生和依附在党的健康肌体上的毒瘤，最终要依靠自我革命来解决，按照"打铁必须自身硬"的原则和方式，把党锻造成更加成熟、更加坚强的领导核心。另一方面，增强党的"四自能力"是化解执政风险、应对执政考验、增强执政本领的现实需要。新时代背景下党面临着复杂的执政环境，存在诸多影响党的属性和能力的因素，尤其是党面临着"四大考验"和"四种危险"，以及由二者相互作用而产生叠加效应的影响，如果不能有效应对和解决，势必对党的领导地位和执政地位形成冲击。这就需要在强烈忧患意识的驱动下增强党的"四自能力"，在坚持真理、修正错误、改善不足的过程中提高领导水平和执政能力。

---

① 习近平：《决胜全面建成小康社会 夺取新时代中国特色社会主义伟大胜利——在中国共产党第十九次全国代表大会上的报告》，《人民日报》2017年10月28日。

三、坚持抓"关键少数"和管"绝大多数"相统一

习近平总书记指出，全面从严治党要坚持抓"关键少数"和管"绝大多数"相统一，既对广大党员提出普遍性要求，又对"关键少数"特别是高级干部提出更高更严的标准，进行更严的管理和监督。党员是党组织有机体的细胞，党员干部分布在各个领域、各条战线，承载着党的理论路线方针政策的宣传和执行任务，党员干部队伍的素质关系着党的执政地位的巩固和执政目标的实现。建设一支高素质的党员干部队伍，对党的坚强领导核心作用发挥，对党带领人民实现中华民族伟大复兴具有至关重要的作用。坚持抓"关键少数"和管"绝大多数"相统一，是对辩证唯物主义两点论与重点论的具体应用，二者统一于从严管理党员干部实践中。一方面，从严管理党员干部需要管理"绝大多数"，对全体党员严格要求、加强管理监督，从整体上提高党员队伍素质，形成广大党员主体力量先锋模范的规模效应。另一方面，从严管理党员干部需要抓住"关键少数"，以更高更严的标准要求领导干部，把握党员队伍建设的重点和关键，发挥领导干部中坚力量带动引领的示范作用。

（一）加强党员干部队伍管理

切实发挥党组织作用，强化对党员干部的管理。习近平总书记指出："党支部要担负好直接教育党员、管理党员、监督党员和组织群众、宣传群众、凝聚群众、服务群众的职责，引导广大党员发挥先锋模范作用。"[1]通过严格开展党员发展、党员教育和党员考评，确保建设高素质党员干部队伍目标在党支部的扎实工作中落地生根、开花结果。一是严格进行党员发展。收紧党员发展关口，不仅要有发展数量，而且要更加重视发展对象的综合能力，在发展程序方面更加规范严肃，从源头上提高党员素质。二是严格进行党员教育。坚持"三会一课"制度，利用党员活动日活动，搭建教育学习平台，采用形式多样的学习方式，激发广大党员的学习热情，将学习教育融入党员的工作生活日常，促使广大党员提高马克思主义理论修养，在思想政治行为上

---

① 习近平：《决胜全面建成小康社会 夺取新时代中国特色社会主义伟大胜利——在中国共产党第十九次全国代表大会上的报告》，《人民日报》2017年10月28日。

维护党中央权威，在工作实践中始终为人民服务。三是严格进行党员考评。落实党员民主评议制度，按照自我评价、民主评议、组织考察的步骤考察党员的理想信念、政治立场、工作作风等状况，对表现优异的党员进行表彰、对不合格党员进行处理。

建立健全监管机制，加强对党员干部的监督。健全的监管机制是增强党员自律意识和党性意识的内在要求，是加强对党员干部监督的关键举措，是构建风清气正政治环境的重要方法。一是推进党务公开。根据2017年中共中央印发的《中国共产党党务公开条例（试行）》等法律法规，各级党组织积极推进党务公开，保障广大党员知晓、参与党内事务的权利，畅通广大党员提建议意见的渠道，提高党员监督的积极性、有效性，确保广大党员对党组织、领导干部的监督落到实处。二是推进权力制度化运行。在制度设计上，坚持权力与责任相统一的原则，行使权力必然承担相应的责任，滥用权力必然受到相应的追责，做到严格用制度管权管人管事。三是健全党和国家监督体系。通过构建党统一指挥、全面覆盖、权威高效的监督体系，强化对权力运行的制约和监督，促使党员干部自觉在宪法法律、党纪党规范围内行使职权，始终追求担当、务实、干净的职业操守。

（二）发挥领导干部示范作用

作为"关键少数"的领导干部，要以"五个过硬"标准严格要求。习近平总书记指出："党要管党，首先是管好干部；从严治党，关键是从严治吏。"[①]领导干部是党的路线方针政策制定的参与者，是党中央各项部署贯彻落实的责任者，是建设坚强有力执政党的中坚力量，是领导社会主义现代化事业的关键所在。风云变化的国际环境和复杂艰巨的改革任务，对执政党以及各级领导干部提出了更大的挑战和更新的要求。党中央强调党的领导干部要始终把讲政治放在首位，要以"五个过硬"严格自我要求。一是做信念过硬的领导干部。坚定对马克思主义的信仰，坚定对社会主义和共产主义的信念，并在中国特色社会主义建设中践行理想信念。二是做政治过硬的领导干部。在思想方面提高政治站位，坚定政治立场、鲜明政治原则、保证正确政治方向；

---

① 习近平：《党要管党 从严治党》，《党建》2013年第8期。

在实践方面与以习近平同志为核心的党中央保持一致，始终维护党中央的权威。三是做责任过硬的领导干部。以正确的政绩观为指导，忠于职守承担职责，深入实际调查研究，切实解决社会发展的实际问题，肩负起对党和人民的责任。四是做能力过硬的领导干部。紧跟时代发展，加强新知识学习，扩大眼界视野，更新思维能力，优化知识储备和结构，不断提高领导、执政能力。五是做作风过硬的领导干部。始终坚持为民情怀，坚决抵制形式主义、官僚主义、享乐主义和奢靡之风的侵蚀，在工作和生活中加强自我约束，形成清正廉洁的品格作风。

作为"关键少数"的领导干部，要以上率下形成"头雁效应"。各级领导干部要带头锤炼党性修养，凡事走在做在队伍的前面，为广大党员当好标杆、做好榜样，带领全体党员圆满完成时代和人民群众交给党的答卷。习近平总书记和党中央始终坚持率先垂范，带头遵守各项规章制度以及纪律规定，作风朴实、不讲排场、深入人民群众，约束领导干部的各项规定要率先做到，在全党形成上级为下级示范、层层带动的良好氛围。党的各级领导干部要以身作则，在理想信念、政治担当、作风建设等方面发挥好带头作用。领导干部要深入学习马克思主义理论，把共同理想和远大理想统一起来，在坚定理想信念方面做表率。领导干部要增强政治意识，站稳政治立场、把牢政治原则、确保政治方向，牢固树立"四个意识"，一切思想、政治、行动都与党中央保持一致，在维护党中央权威和集中统一领导上做榜样。领导干部要弘扬优良作风，纠正"四风"不松懈，祛除工作上的形式主义、官僚主义，抵制生活中的享乐主义、奢靡之风，在加强作风建设上做模范。领导干部要密切联系群众，把群众路线作为生命线，始终心系群众服务群众，一切为了人民、一切依靠人民，在践行党全心全意为人民服务的宗旨上做好示范。

四、坚持行使权力和担当责任相统一

习近平总书记指出，全面从严治党"要坚持行使权力和担当责任相统一，真正把落实管党治党政治责任作为最根本的政治担当，紧紧咬住'责任'二字，抓住'问责'这个要害"。行使权力是领导干部的价值观、权力观、政绩观的实践反映，其效果由是否清正廉洁、是否为民谋福利来检验。担当责任事关党和国家社会主义现代化建设，反映领导干部干事创业的精神态度。行使权力和担当责任二者相辅相成、辩证统一，是全面从严治党的重要经验成果。一方面，正确行使权力是原则和要求，社会主义国家一切权力属于人民，党员干部手中的权力根源于人民，党员干部必须正确行使权力。通过树立正确的权力观依法依规行使权力，保证党员干部能够正确履职、始终践行执政宗旨。另一方面，勇于担当责任是前提和基础，有多大的权力必然对应多大的责任担当，有多大的责任担当就有多大的精神动力。通过树立领导干部责任意识、担当意识，建立健全问责机制，确保党员干部不忘初心、牢记使命，为社会主义事业不懈奋斗。坚持权力主体与责任主体的一致性，旨在促进党员干部在行使职权时不忘初心、牢记使命。只有正确行使权力，才能保证人民群众成为改革开放成果的共享者；只有勇于担当责任，才能保证社会主义现代化建设取得丰硕成果。

（一）正确行使权力

树立正确的权力观，保证权力用于为民谋利益。权力观是关于权力的根本观点、看法，反映党员干部在行使权力上的价值观和方法论的统一。习近平总书记强调："我们的权力是党和人民赋予的，是为党和人民做事用的，只能用来为党分忧、为国干事、为民谋利。"[①]可见，树立正确的权力观，关键是认识权力由来和掌权目的的问题，即权力从何而来，行使权力为了谁。首先，树立正确的权力观，首要的是认识到权力来自于人民。人民群众是社会财富的生产者、社会变革发展的推动者、人类历史的创造者，在推动历史发展、社会进步中具有主体地位和作用。领导干部要把握社会主义国家的本质要求，尊重人民当家作主的权利，正确对待和行使人民赋予的权力。其次，树立正确的权力观，重要的是做到权为民所用、利为民所谋。党员干部要牢固树立公仆意识，将人民群众放在心上，在行使权力的时候勇于担当责任，不是片面追求经济增长速度，而是更加重视经济社会生态协调发展；不是劳民伤财

---

①《做焦裕禄式的县委书记　心中有党心中有民心中有责心中有戒》，《人民日报》2015年1月13日。

建造"形象工程",而是建设人民美好生活的民生工程;不是追求个人功名利禄,而是更加重视人民群众福祉。领导干部要在具体执政实践中从全局出发、从人民群众的真实需求出发制定利民惠民的政策,行使职权解决人民群众在生产生活中遇到的现实困境,达到增进人民福祉、服务社会发展的目标。

将权力关进制度的笼子,确保领导干部依法依规用权。正确的权力观是价值引领,建立健全的规章制度是刚性约束,只有刚柔并济、内外合力才能保证领导干部正确行使权力。习近平总书记指出:"党员不仅要严格遵守法律法规,而且要严格遵守党章等党规,对自己提出更高的要求。"①把权力关进制度的笼子,就是用法律法规、党纪党规规约领导干部掌握的权力。首先,完善各项党内法规。全面从严治党以来,党中央先后制定修订多部党内法规。其中,根据时代发展和党理论实践创新需要,对党章进行修订,为管党治党提供新的根本遵循;颁布《中国共产党廉洁自律准则》,要求党员干部廉洁自律,继承党的传统美德和优良作风;修订出台《中国共产党纪律处分条例》,明确划定党组织和党员不可触碰的"六大纪律"红线;制定《关于新形势下党内政治生活的若干准则》,旨在规范党内政治生活,创造集中和民主兼备、纪律和自由同在、严肃和活泼并存的政治局面。这些党规党纪的制定,划定了权力运行的范围,确定了权力行使的边界,明确了领导干部在行使权力时不可触碰的"红线"、不可踏入的"雷区",为领导干部正确行使权力提供了制度遵循。其次,严格执行规章制度。党中央不仅加强法律法规完善,并且特别重视对规章制度的严格执行。用法律法规衡量领导干部行使权力、行政履职行为,对违规违纪、失职渎职、贪污腐败问题进行严厉惩处,督促领导干部为民用权、公正用权、廉洁用权。

(二)勇于担当责任

权力本身蕴含着责任担当,中国共产党作为执政党,拥有人民群众赋予的神圣权力,肩负着领导人民实现中国梦的历史使命和责任担当。党的十八大以来,以习近平同志为核心的党中央牢牢把握时代的脉搏,站在全局的战略高度,以勇于担当不懈奋斗的精神态度,实施"五位一体"的总体布局和

①习近平:《加快建设社会主义法治国家》,《求是》2015年第1期。

"四个全面"战略布局,社会主义各项事业取得丰硕成果,社会主义发展进入新的阶段。当前中国处于重大历史关口,我们比任何时候都更接近民族伟大复兴目标,我国经济社会建设取得突出成就,国际地位越来越高。但是同时我们应该看到,改革进入深水区、攻坚期,需要突破的都是险滩急流,党的建设依然形势严峻、任重道远。因此,中国共产党肩负着重大使命,面临着巨大挑战,更加需要勇于担当责任。

树立责任意识和担当精神。建设中国特色社会主义伟大事业,需要党员干部牢固树立责任意识和担当精神,在履行职责时忠于职守无私奉献、敢于负责勇于担当。习近平总书记强调领导干部要有担当精神,"必须坚持原则、认真负责,面对大是大非敢于亮剑,面对矛盾敢于迎难而上,面对危机敢于挺身而出,面对失误敢于承担责任,面对歪风邪气敢于坚决斗争。"①首先,树立为中华民族谋复兴的责任意识和担当精神。近代中国内忧外患、苦难深重,中国共产党成立之后带领中国人民浴血奋战、艰苦奋斗,走上追求民族独立、实现民族复兴的道路。党员干部要牢记初心、不忘使命,以前赴后继的精神状态担负起历史责任,为实现中国梦而奋斗。其次,树立为中国人民谋幸福的责任意识和担当精神。中国共产党立党为公、执政为民,党员干部要关注人民群众生活中的实际困难,着力解决和改善民生问题,实现"幼有所育、学有所教、劳有所得、病有所医、老有所养、住有所居、弱有所扶"的目标,使人民群众在共享改革成果中拥有更多获得感。再次,树立全面从严治党的责任意识和担当精神。全面从严治党是中国共产党针对"四大考验"和"四种危险"进行的具有自我革命性的战略部署,旨在保持党的先进性和纯洁性,提升党的领导水平和执政能力,为开创党和国家事业新局面提供政治保障。党员干部要严格按照全面从严治党总体要求和全面部署,推动全面从严治党深入发展。

完善和落实领导干部问责制。党的十八届三中全会明确提出,要"完善和落实领导干部问责制,完善从严管理干部队伍制度体系"②。党中央创新发

---

①《习近平总书记重要讲话文章选编》,中央文献出版社、党建读物出版社2016年版,第58页。

②《中共中央关于全面深化改革若干重大问题的决定》,《人民日报(海外版)》2013年11月16日。

展领导干部问责机制，涵盖问责主体、客体、内容、程序等要素，对激发领导干部履职尽责、勇于担当责任，贯彻落实全面从严治党有战略性意义。首先，扩大问责主体，强化对领导干部监督管理。党的十八大以后，更加注重对领导干部的管理监督，推进领导干部问责制度完善。一方面，问责行为扩展到下级干部对上级领导的监督，改变对上级唯命是从、阿谀逢迎的不良行为，让上级部门多听取下级领导班子成员的意见，并赋予人民群众更多监督问责权。另一方面，提出"两个责任"领导问责制，在开展党风廉政建设、推进全面从严治党过程中，各级党委和纪委分别承担起的主体责任和监督职责，增强了党委和纪委贯彻落实从严治党的动力和决心。其次，强调重要问责客体，抓住关键问责对象。坚持"有错必究、有责必问"的原则，特别强调对"一把手"的问责，将其作为领导干部问责的重中之重。同时，形成倒查追究的完整链条，对所有相关领导干部进行追责，以避免出现由一把手的贪污腐败引发系统性、塌方式的腐败现象。再次，创新问责内容，适应时代发展变化。突出政治问责，将政治建设放在首位，把讲政治作为领导干部最根本的素质要求；严格廉政问责，针对贪污腐败这一毒瘤问题，对违规违纪的"老虎""苍蝇"进行大力惩治，净化政治生态环境；注重生态问责，坚持绿水青山就是金山银山的理念，从推动国家民族现代化发展和增强人民群众幸福感的高度出发，对领导干部保护生态环境提出明确要求。最后，严肃问责程序，增强问责科学性实效性。习近平总书记强调："问责的内容、对象、事项、主体、程序、方式都要制度化、程序化。"[1]党的十八大以来，通过出台并执行《中国共产党党内问责条例》，推动领导干部问责逐步走上科学化、制度化、精细化的道路，保障领导干部问责结果的公平公正。

五、坚持严格管理和关心信任相统一

习近平总书记指出，全面从严治党"要坚持严格管理和关心信任相统一，坚持真管真严、敢管敢严、长管长严，贯彻惩前毖后、治病救人的一贯方针，抓早抓小、防微杜渐，最大限度防止干部出问题，最大限度激发干部积极性"。

[1]《习近平关于全面从严治党论述摘编》，中央文献出版社2016年版，第231页。

严格管理旨在最大限度保护党员干部、预防违法乱纪行为的发生，关心信任旨在最大限度培养党员干部、激发干事创业积极性，二者统一于加强党员干部队伍建设的实践中。一方面，通过大力发扬党的优良作风，强化政治纪律和组织纪律建设，建立科学的考核机制，对领导干部进行严格管理，让其锤炼党性修养和正确行使职权，避免领导干部腐化堕落、失职渎职；另一方面，通过加强教育培训，健全选人用人机制，加强对领导干部的培养，对于符合条件的党员干部大胆提拔、放心使用，帮助党员干部健康成长。因此，严格管理和关心信任并不相互对立，而是加强党员队伍建设、提升党员队伍整体素质不可或缺的两种措施。

（一）严格管理党员干部

加强党员干部的作风建设。针对党内在领导、工作、生活等方面存在的问题，全党自上而下地通过抓住要害、集中发力、持续用劲，对群众反映强烈的共性问题，集中开展专项整治，达到从严管理党员干部的目的。首先，在领导作风方面，充分利用好优秀传统文化典故告诫和启发全体党员，推崇以上率下的方式做到身影端正，强调党员干部的言行要自觉接受人民群众监督。其次，在工作作风方面，着力整顿不良从政风气，强调"四风"问题不仅背离了党的政治属性和价值追求，而且损害了人民群众的感情、权利和利益。通过贯彻落实党中央提出的八项规定，大力纠正"四风"问题，及时制止享乐主义和奢靡之风的蔓延盛行，积极防治形式主义和官僚主义的侵袭污染，以良好的工作作风促进党风、政风和社风的好转，从而优化从政环境、密切党群关系。再次，在生活作风方面，严肃批评党员干部在人际交往、消费娱乐、家庭生活等方面的不良生活作风，指出热衷感官刺激、物质享受的奢靡之风和享乐主义，根源于世界观、人生观、价值观的扭曲，表现为革命意志衰退、思想境界堕落和理想信念缺失。根据党中央要求，党员干部加强生活作风建设主要从加强道德修养和养成健康生活方式入手。通过从优秀传统文化中吸收营养，积极践行社会主义核心价值观，遵守生活伦理道德，摆脱各种低级趣味，抵制社会歪风邪气，不断提高党性修养；通过改变铺张浪费的不良习惯，杜绝不合理的消费方式，形成健康绿色的生活方式。

严格政治纪律和组织纪律。习近平总书记在关于审议《中国共产党廉洁自律准则》《中国共产党纪律处分条例》修订稿时谈到，要始终把加强纪律建设作为全面从严治党的治本之策，要"扎紧党规党纪的笼子，把党的纪律刻印在全体党员特别是党员领导干部的心上"[①]。党中央立足新形势新变化新挑战，推动党的纪律建设创新，将党的纪律建设纳入党的建设整体布局，使得党的纪律理论进一步丰富，党的纪律相关制度进一步完善。首先，严守政治纪律和规矩，净化政治生态。政治纪律是党的纪律中最根本、最核心、最重要的内容，加强政治纪律建设是党的纪律建设的基础。党中央十分强调纪律建设在管党治党中的重要性和紧迫性，要求各级领导干部在讲规矩和守纪律方面做好带头作用，以带动全体党员自觉做政治上的清醒者和明白人。党员干部要强化党章党纪党规意识，并以严明政治纪律为切入点，净化党风政风，匡正社风民风。其次，切实严明组织纪律，提高执政党凝聚力。一个政党的力量是否强大，取决于政党组织的结构严密性、思想一致性、纪律严明性和制度执行力。党员干部要继续弘扬严明组织纪律的优良传统，全体党员敬畏和遵守纪律规矩，在锤炼党性中强化组织纪律，在落实组织制度中保障组织纪律，避免出现自由散漫、一盘散沙的状况，增强党组织的向心力和战斗力。

健全领导干部考核体系。加强领导干部考核是对领导干部严格管理、强化党员队伍建设的重要方面，对党员干部综合素质提升有激励、导向的作用。首先，完善领导干部考核的指标体系。习近平总书记强调，考核"既看发展又看基础，既看显绩又看潜绩，把民生改善、社会进步、生态效益等指标和实绩作为重要考核内容"[②]。考核指标降低经济增长在绩效中所占比重，更加重视领导干部在民生领域以及生态环境保护方面的成绩，有利于引导领导干部在执政过程中以人民利益和国家的长远发展为出发点和落脚点，有助于杜绝少数党政干部为寻求个人利益搞"形象工程"和"面子工程"。其次，创新领导干部考核的方式方法。党的十八大以来，加强对考核方法的完善，更加重视人民群众对党员干部的评价，干部绩效的好坏最终由人民群众决定。人民群众成为干部考核的重要主体，更加广泛地参与到干部考核中，把党员干

---

① 《习近平关于严明党的纪律和规矩论述摘编》，中央文献出版社2016年版，第9页。
② 《习近平总书记重要讲话文章选编》，中央文献出版社、党建读物出版社2016年版，第64~65页。

部是否为人民谋福利以及人民对党员干部的满意程度作为考核的重要依据。通过扩大人民群众参与度，增加社会公众评价，探索运用第三方中介机构考察党员干部等方式，使得干部考核方式方法逐步走向科学化、民主化。

（二）关心信任党员干部

加强党员干部教育培训。干部教育培训是干部队伍建设的先导性、基础性、战略性工程，是建设学习型政党的关键路径，是关心与培养党员干部的首要举措。首先，采用脱产培训，增强干部培训实效。各级党校、行政学院、干部学院是党的领导干部接受教育培训的主阵地，承担着为党和国家培养忠诚、干净、担当的干部队伍的重大使命。中共中央印发的《2018—2022年全国干部教育培训规划》要求党的各级领导干部到党校、行政学院、干部学校参加脱产学习，并对不同级别领导干部需要完成的培训学习任务进行了详细规定。党的十八大以来，党中央根据党和国家发展实际对党员干部培训内容进行改革调整，更加重视党员干部的理论教育和党性锤炼，强化马克思主义理论特别是习近平新时代中国特色社会主义思想的学习，提高党员干部用马克思主义立场观点方法分析和解决问题的能力。干部培训单位要结合自身优势特色和时代发展需求，根据参训学员不同情况和不同培训内容，创新采用适合的培训方式，不断增强培训质量和效果。其次，强化在岗教育，把学习融入日常工作。高度重视党委（党组）中心组学习，按照党委（党组）中心组学习制度的要求，学习内容紧紧围绕本地实际情况，围绕全局性、战略性、前瞻性问题展开，提升领导干部解决实际问题的能力；充分利用"三会一课"学习载体，贯彻落实"三会一课"制度，突出政治学习和党性锤炼，实现对党员干部严格教育管理；积极推进干部教育培训与"互联网+"的深度融合，开发和利用数字图书馆、微信公众号、手机APP等网络教育资源，发挥互联网信息技术在干部教育培训中的正效应。

健全干部选拔任用机制。加强对党员干部的关心信任，关键在于建立健全干部选拔任用机制，培养高素质的党员干部队伍。首先，践行好干部标准，选任德才兼备的人才。2018年7月，习近平总书记在全国组织工作会议上提出了"好干部标准"，即信念坚定、为民服务、勤政务实、敢于担当、清正廉洁，反映了我国经济社会发展对领导干部的新要求。信念坚定是对党员干部的首要要求，为党员干部贯彻落实党的路线方针政策提供了不竭动力，是党员干部抵制贪腐问题的关键所在；为民服务是对党的宗旨的践行，要求领导干部解决人民群众最关心最迫切的问题，提高人民群众的幸福指数；勤政务实要求领导干部兢兢业业、踏踏实实地履职尽责，创造出的工作业绩能够经得起实践、人民和历史的检验；敢于担当是党员干部干事创业必须具备的精神风貌和基本素质，领导干部要勇于直面各种困难、敢于承担各种责任，始终保持昂扬向上、奋力拼搏的精神状态；清正廉洁要求领导干部敬畏权力、守住底线，坚决与贪污腐败行为划清界限。其次，培养选拔年轻干部，优化干部队伍结构。利用年轻干部学历高、知识储备丰富、专业能力强、有激情活力、有创新精神等突出优势，大量选拔使用年轻干部，做好干部的新老更替工作，形成合理的年龄梯次结构，推动党的事业薪火相传。同时，针对年轻干部经验不足、锻炼不够等缺点，把年轻干部放在基层一线和艰难困苦的地方锻炼，通过对现实世界的改造不断塑造主观世界，强化为民服务的宗旨意识，锻炼解决实际问题的能力。再次，采用科学立体选任方式，知人善任。在选拔领导干部方面，要进行全面系统了解，"观察干部对重大问题的思考，看其见识见解；观察干部对群众的感情，看其品质情怀；观察干部对待名利的态度，看其境界格局；观察干部处理复杂问题的过程和结果，看其能力水平"。[①]在任用领导干部方面，要合理利用人才资源，在认真考察干部的特长优势、充分了解岗位的职能需求的情况下，依据事业为上、以事择人、人岗相适的原则择优任用。

六、坚持党内监督和群众监督相统一

习近平总书记指出，全面从严治党"要坚持党内监督和群众监督相统一，以党内监督带动其他监督，积极畅通人民群众建言献策和批评监督渠道，充分发挥群众监督、舆论监督作用"。党内监督是广大党员和各级党组织依据国家法律法规和党内法规制度体系，针对党内成员尤其是领导干部进行的监督；

---

① 《习近平总书记重要讲话文章选编》，中央文献出版社、党建读物出版社2016年版，第64页。

群众监督是人民群众通过检举、控告、申诉、批评、建议等方式，针对广大党员干部和各级党组织进行的监督。党内监督和群众监督相统一，是增强党自我净化能力的根本举措，是构建系统性、协同性、整体性的党员及党组织监督体系的现实要求。一方面，党内监督是始终保持党自身肌体健康的源泉，对于权力正常运行来说十分必要，在各个领域各个层面都必须高度重视党内监督在权力运行过程中的基础作用；另一方面，我们也应该认识到，全面从严治党的监督方式本身是一种全面的多维的监督体系，在强调党内监督的基础性地位时，也应该重视群众监督等党外监督方式，充分尊重人民群众作为"主人翁"的监督地位，自觉主动地依靠和接受人民群众的监督评价，构建优势互补、配合紧密的全方位立体化监督网络。实践证明，党内监督与群众监督形成权力运行的监督合力，既提高了监督的权威性、广泛性，也体现了监督的专业化、大众化，有利于真正实现让多数人监督少数人，促进党员干部在全面监督下更好地履行职责。

（一）坚持党内监督的基础地位

坚持党内监督的基础地位，根源于中国共产党肩负着领导与执政的历史使命。中国共产党在推进中国特色社会主义伟大事业的过程中，兼具"领导"和"执政"的双重角色，只有采取内部自我革命的自觉方式，才能从根本上解决党的建设中面临的体内病灶问题。拥有党和国家的各部门职位的党员干部尤其是领导干部，无论权力大小都首先要自觉接受党内监督，只有这样才能保证权力的正常行使，保证权力来自于民和用之于民。党内监督增强了权力监督的全面性和深刻性，相较于其他监督形式来说具有独特的优势。在其全面性上，表现为党内监督能够将监督范围延伸到行使公共权力的国家机关之外的由党组织发挥领导作用的其他公共领域，扩大了权力监督的覆盖面，弥补了其他监督形式存留的监督空白。在其深刻性上，表现为党内监督是依照党纪党规进行的，往往比其他监督形式依照法律法规有更高标准、更严尺度，从而有助于促进党员干部率先垂范地行使职权。

坚持党内监督的基础地位，必须强化党内监督的责任意识和制度建设。党的十八大以来，党中央在明确党内监督的对象、内容的同时，更加强调了党内监督的责任主体，突出了权责对应、权责相当、权责统一的党内监督理念，巩固了党内监督的基础性地位。在党内监督的对象方面，涉及所有公共权力的行使者，重点监督对象不仅包括权力相对集中的部门和职位，而且包括各部门的"一把手"。在党内监督的内容方面，覆盖权力运行的各领域各环节，尤其是对于重大事情的决策、决定、处理等过程实行严格监督，防止和避免出现权力的滥用和腐败现象。在党内监督的责任方面，全党上下各层各级都要落实责任，但更为关键的是要落实党委主体责任和书记第一责任。习近平总书记强调，对于党委的主体责任的落实情况，要"强化责任追究，不能让制度成为纸老虎、稻草人"①。党的十八届六中全会审议通过《中国共产党党内监督条例》，推动从严管党治党在制度设计方面取得历史性进展，该条例将党内监督的历史经验与当今时代政党政治的创新实践融为一体，在继承和发挥以往管党治党优势的基础上，以管党治党的现实问题为导向，科学、客观、明确地对新时代强化党内监督等重要问题作出规定，成为推进全面从严治党的制度基石和行动纲领。

坚持党内监督的基础地位，必须深刻把握新时代加强党内监督的新要求。第一，强化党内监督，要坚持把党的创新思想作为行动指南。这就是要求以习近平新时代中国特色社会主义思想为指导，确保党内监督沿着正确方向健康发展。第二，强化党内监督，要建立巡视巡察上下联动的监督网。坚持"以党的政治建设为统领"的原则，把深化政治巡视摆在首要位置，统筹协调推进其他巡视巡察（常规巡视、专项巡视等），实现巡视巡察工作的全覆盖，并对巡视巡察成果进行综合运用，彰显巡视利剑在党内监督中标本兼治的作用。第三，强化党内监督，要运用监督执纪"四种形态"。作为党的纪律的创新内容，监督执纪"四种形态"深化了党的"惩前毖后、治病救人"方针，为新时代强化党内监督、坚决正风肃纪提供了重要遵循。要以批评教育为重点，发挥"四种形态"的预防挽救功能，把倾向性、苗头性问题遏制在萌芽状态；以纪律处分为保障，发挥"四种形态"的惩戒震慑功能，依纪依规严肃处理违纪违法行为。第四，强化党内监督，要与其他监督相贯通。推进党的纪律检查机关与国家的监察委员会合署办公，建立健全监督体系，形成和增强多种监督形式的合力，使监督工作全面覆盖所有行使公共权力的公职人员。

---

① 《习近平谈治国理政》，外文出版社2014年版，第395页。

（二）发挥群众监督的重要作用

重视群众监督的价值。群众监督是党内监督的有益补充，是全面从严治党、践行群众路线的客观要求。一方面，自觉接受人民群众监督，保证权力正确行使，是每一位党员干部的应尽义务。毛泽东同志指出："共产党是为民族、为人民谋利益的政党，它本身决无私利可图。它应该受人民的监督，而决不应该违背人民的意旨。"[①]中国共产党的性质和宗旨，决定党的权力是人民赋予的，党员干部代表人民群众的根本利益行使权力自然应该接受人民群众的监督，才能保障掌握的权力不被异化。另一方面，群众监督既是体现人民当家作主的重要形式，又是永葆共产党人政治本色的重要保证。习近平总书记强调，从严治党必须依靠人民群众，"人民群众中蕴藏着治国理政、管党治党的智慧和力量"[②]。党员干部在联系人民群众的过程中，人民群众对其思想行为表现更有发言权，通过"外在审视"的方式对其提出客观真诚的批判、建议，拓展权力监督的广泛性和真实性，有助于党员干部在接受群众监督中规范行为、提高素质，自觉履行权为民所用、利为民所谋的政治承诺。

畅通群众监督的渠道。把传统监督阵地与现代监督平台结合起来，把党员干部自觉接受监督与人民群众主动参与监督衔接起来，为实现群众监督创造良好的机会和条件。首先，弘扬密切联系群众的优良作风，巩固传统的监督阵地。主要是坚持做好来信来访工作，认真受理群众来信，热情接待群众来访，落实领导干部接待日，使人民群众能够有效地通过来信来访的方式进行诉求表达、检举揭发、问责批评、建言献策，达到汇集群众监督正能量的效果。其次，创新群众监督的方法路径，开发、利用、推广新媒体监督载体。充分利用大数据时代信息技术优势，开通电话投诉热线、公开举报电子信箱、建设网络公共平台、发布微信公众号等方式，让人民群众可以更加及时、便捷、高效地对权力运行情况进行监督。再次，大兴调查研究之风，疏通下情上达的渠道。深入基层一线、深入群众生活主动接受群众监督，通过俯下身子体察民情、倾听民意、汲取民智，反思在解决群众最关心的实际问题上存在的不足，为改善工作奠定群众基础。

---

① 《毛泽东选集》第三卷，人民出版社 1991 年版，第 809 页。
② 《十八大以来重要文献选编》中，中央文献出版社 2016 年版，第 101 页。

　　健全群众监督的机制。发挥群众监督的功能和作用，需要有一套体系完整、逻辑严密的制度机制来保障。一是尊重人民群众的监督权利。贯彻落实党纪法规赋予人民群众参与监督行为的权利，严肃处理干扰妨碍甚至打击报复群众监督的恶劣行为，让人民群众能够理直气壮、义无反顾地监督权力运行。二是提高人民群众的监督能力。提高人民群众政治参与的意识和能力，引导人民群众理解和掌握有关监督的理论知识、政策法规，促进人民群众采取有技术、有方法、有秩序开展监督的行为。三是创造人民群众的监督机会。推进党务、政务信息公开制度，完善领导干部述职报告制度，保障人民群众的知情权和监督权，为人民群众对党员及党组织进行监督表达创造机会和条件，确保人民群众的监督贯穿权力运行全过程。四是强化人民群众的监督意愿。在重视和保护人民群众监督行为的同时，强化人民群众监督结果的反馈及运用，严肃解决群众监督查实的典型问题，及时回应群众监督提出的意见建议，使人民群众切身感受到监督效果，从而激发人民群众保持热情参与监督的积极性和主动性。五是实现群众监督与党内监督的互动。以党内监督带动群众监督的方式，保持党内监督主体与人民群众的交流互动，发挥人民群众在整体监督体系中的创造性、有效性，实现同频共振的监督效应。

第四章　全面从严治党面临的
形势和挑战

回溯中国共产党革命、建设、改革的光辉历史，中国共产党始终能坚定不移地依据中国革命、建设、改革的发展趋势、时代背景、国际环境、党的发展状况以及党在不同阶段所担负的使命和责任，以马克思主义无产阶级政党理论为指引，创造性地推进党的建设高质量发展。中国特色社会主义进入新时代，需要中国共产党务必持之以恒地将全面从严治党贯穿于中国特色社会主义事业的伟大实践中、融汇于中国共产党不断发展和壮大中，以实现国家富强、民族振兴、人民幸福的中国梦。但是，全面从严治党作为一个涉及思想、党纪、作风、组织等诸多因素的系统，在中国共产党已经实现从夺取政权的革命党转变为领导全国各族人民建设中国特色社会主义的执政党后，尤其是中国共产党的执政地位随着中国特色社会主义事业不断发展而不断巩固，全面从严治党所面临的复杂形势和挑战异常严峻，成为全面从严治党或隐或显的巨大阻力和隐患，绝不能等闲视之。

一、全面从严治党面临的突出问题

中国共产党自诞生之日起，就始终为实现国家富强、民族振兴、人民幸福的宏伟目标而不懈奋斗。在革命战争年代，加入中国共产党就意味着危险、流血、牺牲，甚至还有可能连累亲朋好友。因此，在革命战争年代加入中国共产党者，必然是具有坚定的共产主义信仰以及为人民群众谋幸福的高尚品格。中国共产党夺取革命政权后，党的地位发生了根本性的变化，尤其是随着中国特色社会主义事业的不断发展，中国共产党执政地位的日益巩固，以及随着党员队伍的不断壮大，中国共产党的全面从严治党面临着缺乏革命实践的洗礼和锻炼，势必面临金钱、权力、美色以及各种思潮的影响，从而在思想、纪律、党的作风、队伍组织等方面，出现与全面从严治党目标、使命、职责、旨趣、价值要求等相悖之处。因此，务必要系统分析全面从严治党面临的主要突出问题，确保全面从严治党的深入开展。

（一）思想不纯的问题

重视无产阶级政党的思想建设、坚持从思想上建党，是马克思主义政党与其他政党的重要区别。马克思、恩格斯等马克思主义经典作家虽然没有提出无产阶级政党"思想纯洁性"的论断，但是，他们都一致注意各种非马克思主义思想或者反马克思主义思想对无产阶级政党的腐蚀。马克思认为，无产阶级政党成员"那么首先就要求他们不要把资产阶级、小资产阶级等等的偏见的任何残余带进来，而要无条件地掌握无产阶级世界观。"[1]随后的马克思主义经典作家，如列宁、斯大林等始终将思想纯洁作为无产阶级政党纯洁性的重要标尺，是坚守无产阶级政党精神家园的重要基础。因此，党的十九大报告明确指出："要把坚定理想信念作为党的思想建设的首要任务，教育引导全党牢记党的宗旨，挺起共产党人的精神脊梁，解决好世界观、人生观、价值观这个'总开关'问题，自觉做共产主义远大理想和中国特色社会主义共同理想的坚定信仰者和忠实实践者。"[2]但是，随着经济社会发展、全球化趋势加剧、互联网的广泛普及、人们交往幅度的扩大和频繁，传统文化糟粕思想死灰复燃、西方思潮和生活方式趁机而入，有些中国共产党党员在思想上发生了偏差、产生了动摇，视加入中国共产党为获取个人私利的门槛，将党的培养和重用视为封官加爵的路子，将个人主义以及拜金主义等置于全心全意为人民服务的宗旨之上，将马克思主义以及共产主义信仰作为粉墨登场的脸谱、不信马列信鬼神的现象在某种程度上依然存在。

思想不纯现象，产生的原因固然多，但从中国共产党的宗旨、使命、历史方位以及发展态势看，绝不能将党内存在的思想不纯现象的产生和蔓延简

---

① 《马克思恩格斯文集》，人民出版社2009年版，第484页。

② 习近平：《决胜全面建成小康社会 夺取新时代中国特色社会主义伟大胜利——在中国共产党第十九次全国代表大会上的报告》，人民出版社2017年版，第63页。

单地归因于全球化加速、互联网普及、西方国家"和平演变"战略以及剥削阶级思想影响等外因，而更应该从中国共产党内部究根溯源。1992年，邓小平同志在南方谈话中明确指出："中国要出问题，还是出在共产党内部。"①思想作为人的意识反映客观存在的思维结果，必然是世界观的核心和支撑。思想的问题，最终还得从思想上去分析和解决。而忽视世界观的改造，就会致使党内漠视马克思主义世界观和方法论的学习，无产阶级政党的世界观和方法论未能在一些党员的思想领域占据指导地位，从而辨别不清形形色色的各种非马克思主义或反马克思主义的思潮，在复杂多变以及风云变幻的社会实践中就会陷入政治信仰模糊、政治立场摇摆、政治态度暧昧、政治辨别能力低下等沼泽地，糊里糊涂就成为各种非马克思主义或者反马克思主义的俘虏或信徒。

从思想上建党，是毛泽东对马克思主义建党理论的创造性发展，是提高党员素质、不断提高党的凝聚力和战斗力的重要保证和基本经验。中国共产党正在带领人民推进新时代中国特色社会主义的伟大事业，不可避免地遇到不同思想体系或者思潮的对立和斗争，各种突出问题势必会更加复杂化。全面从严治党面临思想不纯的突出问题，必然给全面从严治党造成严重的危害。思想不纯，直接冲击无产阶级政党的理论基础，动摇中国共产党建党和强党的理论根本，致使全党缺乏科学的理论指导、缺乏科学的世界观和方法论，马克思主义将受到严峻的冲击，各种非马克思主义或者反马克思主义的意识形态将会在中华大地肆意横行、荼毒人民。江泽民同志曾指出："尤其是一个时期以来，资产阶级自由化思潮的泛滥，资产阶级的'民主''自由''人权'口号的蛊惑，利己主义、拜金主义、民族虚无主义和历史虚无主义的滋长，严重侵蚀党的肌体，把党内一些人的思想搞得相当混乱。而我们却放松了党的思想建设工作，这是一个失误。"②因此，务必要高度重视思想不纯的严重危害，端正中国共产党的思想政治路线，真正做到全党始终坚定不移地坚持马克思主义和毛泽东思想，坚持以邓小平理论、"三个代表"重要思想、科学发展观和习近平新时代中国特色社会主义思想为指导，从思想上解决中国共

①《邓小平文选》第三卷，人民出版社1993年版，第380页。
②《江泽民文选》第一卷，人民出版社2006年版，第94页。

产党党员的入党问题，确保每一个中国共产党党员在思想上始终与党中央保持一致。

（二）组织不纯的问题

各级党组织是党开展各项活动的载体，是党员成长的重要平台，是党不断壮大的力量之源。党的力量来源于党组织，纯洁和充满活力的党组织能使党的力量倍增。中国共产党自建立以来，一直注重党组织建设，千方百计消除一切危及党组织健康发展的因素。但是，诚如党的十九大报告指出："党内存在的思想不纯、组织不纯、作风不纯等突出问题尚未得到根本解决。"①全面从严治党面临组织不纯突出问题主要表现在：组织观念淡薄；学习马克思主义理论以及中国特色社会主义理论热情弱化；政治热情退化；奉献意识弱，吃半点亏就耿耿于怀，受半点委屈就大哭大闹；凡事跟党组织斤斤计较；组织路线异化，党组织内搞团团伙伙的圈子文化，鼓吹"进不了圈子、上不了位子"，拜码头，把分管领域当成"私人领地"，把纯洁的同志关系变为称兄道弟的江湖关系，把工作上的上下级关系变为主仆式的人身依附关系；组织纪律失范，有的党员目无组织，将党组织的请示报告等制度置之不理，我行我素；管不住口、管不住手，喜欢散布与党员身份不相符的言论，将党组织各类资源视为家财；等等。

全面从严治党面临组织不纯的突出问题，危害着中国共产党的力量基础，任其存在和发展，必然会让很多不符合党员要求的人混入党内，甚至会占据党组织的领导岗位，成为搞垮中国共产党的"第五纵队"，危害党的权威。组织不纯必然会对上级党组织的决定采用有所保留或者是有条件的执行，部门主义、本位主义、宗派主义等就会滋生和蔓延，党和国家各项路线方针政策就容易被虚化，中央领导核心的权威就会受到极大削弱。"党员个人服从党的组织，少数服从多数，下级组织服从上级组织，全党各个组织和全体党员服从党的全国代表大会和中央委员会"的组织原则就会被弱化或践踏。"毛毛细雨湿衣裳，点点私心毁名节"。必须要高度警惕全面从严治党面临的组织不纯所带来的危害。

---

① 习近平：《决胜全面建成小康社会 夺取新时代中国特色社会主义伟大胜利——在中国共产党第十九次全国代表大会上的报告》，人民出版社2017年版，第61页。

（三）作风不纯的问题

党的作风是党员思想的外显和具体化，是如何贯彻落实党中央路线方针政策执行力度的标尺。党的作风建设是事关党的生死存亡的"生命工程"，关系到党和政府的公信力，关系到民心向背，关系到党和国家的前途和命运。习近平总书记在中共中央政治局集体学习时指出："党的作风就是党的形象，关系人心向背，关系党的生死存亡。我们党作为一个在中国长期执政的马克思主义政党，对作风问题任何时候都不能掉以轻心。"[①]但是，全面从严治党依然面临着作风不纯的突出问题：党内依然存在脱离人民群众、侵害人民群众利益、乐当"官老爷"的作风；学习氛围淡薄、凭经验主义或者教条主义作决策和发指示；享乐主义滋生蔓长，奉行交易原则，搞"社会生活庸俗化、家庭生活逐利化"。作风不纯现象表现在思想作风、工作作风、学习作风、生活作风等方面，但主要集中为形式主义、官僚主义、享乐主义和奢靡之风。人民群众对此类作风浮夸、华而不实、文山会海、"稿来稿去"、弄虚作假、沽名钓誉、脱离实际、脱离群众、消极应付、痴迷权力、作风霸道、沽名钓誉、贪图享受、讲究排场、骄奢淫逸、腐化堕落等问题极为反感。

理想信念缺失、制度不够规范、党外因素等是作风不纯的主要原因。理想信念的缺失，致使一些党员甚至党的领导干部对共产主义心存怀疑，认为那是虚无缥缈和不可企及的海市蜃楼，鼓吹和奉行"共产主义虚无缥缈、资本主义腐而不朽、个人主义实实在在"的信条；制度不够规范，致使一些党员干部开始放纵自己，整天琢磨如何谋取私利而不被惩罚；党外因素包括党外国内因素和党外国际因素，随着国内经济社会的发展，多种经济类型必然会催生多种就业方式和生活方式，多元化的价值观念和各种社会风气必然也应运而生，稍有不慎，党的作风就会受到不良风气的影响。此外，随着全球化的发展，全球视域的党际外交也日趋频繁，中国共产党与世界其他国家共产党或者其他党派交往进程中，世界其他国家共产党或者其他党派的价值理念、思维方式、生活方式等必然也会影响到党的作风。

作风不纯是党风建设的敌人。作风不纯从根子上讲，就是党的宗旨、使

---

① 习近平：《坚持从严治党落实管党治党责任 把作风建设要求融入党的制度建设》，《人民日报》2014年7月1日，第1版。

命、价值观以及对自身认识等在行为上的表现。作风不纯的突出问题，冲击着党的思想路线。中国共产党实事求是的思想路线要求思考问题和解决问题要立足实际情况，将尊重客观规律性和发挥主观能动性统一起来。全面从严治党在思想路线层面就是要求每一个中国共产党党员要做到改造客观世界和改造主观世界的统一，实现主体客体化和客体主体化的统一。作风不纯则完全背离了实事求是的根本要求，其经验主义、教条主义、主观主义等作风必然冲击着党的思想路线。作风不纯也会瓦解中国共产党党员的信仰。对共产主义的坚定信仰和忠诚是中国共产党党员的政治灵魂，全面从严治党就要补足共产党员的"钙"，提升党的"精气神"，在思想上筑牢坚不可摧的精神堤坝。

二、全面从严治党面临"四大考验"和"四种危险"

党的十八大以来，以习近平同志为核心的党中央励精图治，坚持和践行"打铁必须自身硬"的理念，整风肃纪、"打虎拍蝇"，凤凰涅槃、浴火重生，重新塑造了中国共产党崭新的良好形象，并校正了中国共产党发展的航标。在新的历史条件下，国际和国内形势都发生了很大的变化，作为执政党，中国共产党需要思考和解决的问题更加复杂多变；中国共产党的执政地位和执政条件发生了很大的变化。全面从严治党依然面临着"执政考验""改革开放考验""市场经济考验""外部环境考验"；依然存在着"精神懈怠的危险""能力不足的危险""脱离群众的危险""消极腐败的危险"。这些考验是严峻的，危险是长期的。务必要正视这"四大考验"和"四种危险"，才能确保全面从严治党持久深入地开展。

（一）全面从严治党面临的"四大考验"

执政考验。中国共产党作为执政党，担负着解放生产力、发展生产力、消灭剥削、消除两极分化的伟大重任，肩负着实现国家富强、民族振兴、人民幸福的神圣使命。执政地位的确立和巩固、改革开放的全面深入发展，必然会给全面从严治党带来巨大的挑战。中国共产党自1949年执政以来，取得了举世瞩目的辉煌成就。执政地位的不断巩固以及日益辉煌的执政成绩，极易滋生骄傲自满、刚愎自用、浮华奢靡的心态和作风，极易形成维护既得利益和固守既得利益藩篱的思想意识，久而久之就会违背中国共产党全心全意为人民服务的宗旨。正因为如此，在七届二中全会上，在中国革命即将胜利前夕，在中国共产党即将面临执政之际，毛泽东同志提出了"两个务必"。1949年3月23日上午，中共中央自西柏坡迁往北平。动身前，毛泽东同志意味深长地说："今天是进京赶考的日子，不睡觉也高兴啊。今天是进京'赶考'嘛，进京赶考去，精神不好怎么行啊！"周恩来会意地笑道："我们应当都能考及格，不要退回来。"毛泽东斩钉截铁地表示："退回来就失败了，我们绝不能当李自成。我们一定要考个好成绩。"①全面从严治党需要中国共产党始终不断增强自我深化、自我完善、自我革新、自我提高能力。

改革开放考验。伴随经济全球化和我国改革开放进程的不断深入，西方国家价值观念、民主人权、普世价值等意识形态也会趁机而入，似是而非的西方国家意识形态蛊惑着党员的思想，一些党员就在西方国家意识形态的"围剿"以及资本家的"围猎"中败阵投降。一旦党员思想被西方国家意识形态腐化，则其思想意识和行为举止必然异化于党的要求，就会阻碍全面从严治党的推进。

市场经济考验。全面从严治党面临市场经济的考验，根源于市场经济的逐利性。市场经济的逐利性，决定经济主体必定按照市场经济原则进行经济活动以谋取利益最大化。因此，就会存在行贿、投机取巧、强取豪夺等现象，由此会致使经济主体寻找保护伞，一些党员干部就会因而沦陷。同时，党员干部的价值取向在市场经济中的异化，也是新时期全面从严治党面临挑战的原因。习近平总书记指出，当官就不要想发财，想发财就不要当官。但是，一些领导干部却持有"当官不发财，请我都不来"的错误理念，在与商人或者资本家交往的过程中，艳羡商人或者资本家的腰缠万贯、出手阔绰、纸醉金迷的生活，渐渐奉行"人生苦短，何不潇洒走一回"的信条，走向和党纪党规相悖的道路。

外部环境考验。当前，世界正处于大发展大变革大调整时期。站在世界

①《中国共产党怎样解决作风建设问题》，人民网，2014年6月3日。

舞台上，中华民族迎来了从站起来、富起来到强起来的伟大飞跃，中华民族伟大复兴展现出前所未有的光明前景。中国与外部世界的关系也进入了深度磨合期，一些发达国家贸易保护主义抬头，与我国贸易摩擦不断；西方敌对势力对我国实施西化、分化的图谋一直没有改变。在日益走近世界舞台中央的过程中，中国遇到的挑战将更严峻、竞争将更激烈。在博鳌亚洲论坛2018年年会开幕式上，习近平主席指出，我们要不畏浮云遮望眼，善于拨云见日，把握历史规律，认清世界大势。面对复杂变化的世界，中国将不惧风雨勇向前，积极迎接各种考验，坚定维护国际公平正义，坚持和平发展道路，坚决捍卫国家利益。中国高举和平、发展、合作、共赢的旗帜，推动建设相互尊重、公平正义、合作共赢的新型国际关系，为构建人类命运共同体打下坚实基础，也为中国自身发展营造更加良好的外部环境。

（二）全面从严治党面临的"四种危险"

精神懈怠危险。精神懈怠是一个执政党执政生命的致命点，因为精神懈怠必然导致生命力和创造力衰退。精神懈怠就会萌生得过且过、混日子的心态，漠视理论学习和业务学习，凭经验、对条条、按框框思考和解决问题，致使自身素质滞后于时代发展，缺乏应对各种复杂局面的能力，就会致使党的执政能力明显下降。苏联以及东欧其他国家共产党垮台的因素固然众多，但自身建设严重失误，忽视党员精神世界的教育，丧失革命传统和革命精神，毫无精神支柱的支撑和引领，是不可忽视的原因。因此，必须要充分认识到精神懈怠对新时代推进全面从严治党的危害性，以免重蹈苏联以及东欧国家共产党垮台的覆辙。

能力不足危险。能力不足主要表现为"本领恐慌"。不注重马克思主义理论学习、不思进取、墨守成规、得过且过、汲汲于名利地位等精神懈怠现象在党内成蔓延趋势，致使党员队伍存在理论水平不高、依法行政和执政的能力不强、破解复杂的理论和实际问题的方法不多、统筹国际国内两个市场以及利用国际国内两种资源的能力不足等"本领缺失"。能力不足对全面从严治党的危害，就是党员政治素养和业务素质适应不了我国社会主要矛盾的转变。人民日益增长的美好生活需要和不平衡不充分发展之间的矛盾将是长期的。作为执政党，新时代对党员干部素养的要求会更高，本领恐慌和能力不足必然会阻碍经济社会的发展。

脱离群众危险。人心向背是一个执政党的执政地位能否巩固和社会能否长治久安的风向标。《管子》云："政之所兴在顺民心，政之所废在逆民心。"中国共产党的根基在人民、血脉在人民、力量在人民。密切联系群众是中国共产党最大的政治优势。作为执政党，只有把人民群众放在心上，人民群众才会把执政党放在心上。执政党脱离人民群众，就会听不到人民群众的呼声，人民群众的困难就得不到解决，人民群众的权益就得不到维护，人民群众的力量就难以集聚，党的力量源头就会被堵塞，党执政的根基就会动摇。

消极腐败危险。消极腐败是危害党的肌体健康的毒瘤，也是人民群众最痛恨的现象。全面从严治党面临消极腐败的危险，其危害性不容低估。消极腐败还会严重制约经济发展，消极腐败必然会产生和助长行贿受贿、以权谋私、权钱交易等现象，就会促使不法之徒采用一切手段追逐暴利，最终使经济发展一潭死水、毫无发展；消极腐败是精神懈怠、能力不足、脱离群众的根源，消极腐败会促使人不思进取、整天琢磨各种"潜规则"、庸碌无为，党内就会出现"劣币驱逐良币"逆发展态势，就会让能干者压抑，导致党内政治生态的恶劣，就会使党丧失活力和战斗力。由此可见，脱离群众和消极腐败对全面从严治党的危害极为巨大。

三、反腐斗争的压倒性胜利与严峻形势并存

党的十八大以来，以习近平同志为核心的党中央前所未有地将反腐倡廉提高到亡党亡国危险境遇的历史新高度，始终不渝地坚守中国共产党人的初心和使命，以壮士断腕的决心和勇气重拳反腐、惩贪去恶，减少存量、遏制增量，坚持以人民为中心的发展思想，切实维护人民群众的根本利益，誓将全面从严治党、党风廉政建设、反腐败斗争坚持到底，坚定不移地将"为中国人民谋幸福，为中华民族谋复兴"的初心和使命融汇于新时代全面从严治党的伟大工程；严厉整治形式主义、官僚主义、享乐主义以及奢靡之风，旗帜鲜明地反对形形色色的特权思想和行为，以厚重的历史责任感以及"舍我其谁"的高尚情怀，开拓了具有时代特征的反腐新思路和新举措，取得了举

世瞩目的反腐新成就。诚如党的十九大报告指出："坚持反腐败无禁区、全覆盖、零容忍，坚定不移'打虎'、'拍蝇'、'猎狐'，不敢腐的目标初步实现，不能腐的笼子越扎越牢，不想腐的堤坝正在构筑，反腐败斗争压倒性态势已经形成并巩固发展。"[①]随着反腐力度的加强和广度的拓展，各类贪腐分子或被查处或投案自首，表明反腐败斗争、全面从严治党、党风廉政建设成效显著。然而，船到中流浪更急，人到半山路更陡。反腐败斗争是一个漫长的进程，减存量和遏增量依然任重道远，各种诱发和引发贪腐的因素并非根绝。因此，全面从严治党和反腐败斗争依然面临着严峻的形势。

（一）反腐败斗争已取得压倒性胜利

2017年10月，党的十九大对反腐败斗争作出的形势判断是"反腐败斗争压倒性态势已经形成并巩固发展"。随后，2018年12月13日召开的中共中央政治局会议作出了"反腐败斗争取得压倒性胜利"的最新最重要的判断，表明反腐败斗争的现状已经发生了根本性的变化，腐败蔓延势头得到有效遏制，中国共产党已经牢牢掌握了反腐败斗争的主动权；标志着全面从严治党已经从现象整治深入到灵魂整治、反腐败斗争成果正在从量的积累迈向质的转变。从反腐败斗争压倒性态势形成到反腐败斗争取得压倒性胜利，表明中国共产党全面从严治党和反腐败的力度持续加大、决心持续增强、法制法规日趋完善、方法不断更新和与时俱进，彰显了中国共产党自我革命以及不断发展的决心和信心，也表明了中国共产党已经掌握并能熟练运用共产党的执政规律进行治国理政，因而取得反腐败斗争的压倒性胜利。

反腐败斗争取得压倒性胜利，表明中国共产党持续地以零容忍态度查处腐败问题、削减存量和遏制增量的信心和决心，也表明中国共产党反腐败斗争的力度、广度、深度不断发展。全国纪检监察机关从2018年1月到9月期间，共立案46.4万件，处分40.6万人，包括省部级及以上干部39人、厅局级干部2500多人、县处级干部1.7万人，各项数据均比2017年同期有所增长，充分表明了全面从严治党和反腐败斗争越往后越严格的态势和趋势，各种侵犯人民群众

---

① 习近平：《决胜全面建成小康社会 夺取新时代中国特色社会主义伟大胜利——在中国共产党第十九次全国代表大会上的报告》，人民出版社2017年版，第8页。

利益的违法乱纪行为必将受到严惩。2019年是中华人民共和国成立70周年，是全面建成小康社会、实现第一个百年奋斗目标的关键之年，为了更好地开展全面从严治党和维护人民群众利益，习近平总书记提出了6项任务：深入贯彻落实党的十九大精神，不断强化思想武装；加强党的政治建设，保证全党集中统一、令行禁止；弘扬优良作风，同心协力实现小康；坚决惩治腐败，巩固发展压倒性胜利；强化主体责任，完善监督体系；向群众身边不正之风和腐败问题亮剑，维护群众切身利益。查处干部数量的增幅以及全面从严治党的具体要求，昭示了中国共产党反腐倡廉的信心和决心，表明中国共产党反腐败斗争、全面从严治党、党风廉政建设的目标明确、指向明晰、举措精准，是始终代表中国最广大人民群众根本利益的马克思主义政党。

反腐败斗争取得压倒性胜利，既表明了中国共产党反腐败斗争取得前所未有的成果，也表明了各种侵害人民群众利益的腐败行为和现象得到有效遏制。查处干部数量的增多，尤其是省部级领导干部的查处，表明了中国共产党反腐败斗争、全面从严治党以及党风廉政建设上不封顶以及下不设底的决心。党的十八大以来，从不收敛、不收手的领导干部接连被查处，到政治问题和经济问题相互交织形成的利益集团被摧毁，再到着力解决选人用人、审批监管、资源开发、金融信贷等重点领域的腐败问题，充分表明了"老虎"露头就要打的信心和能力。在"打虎"的同时，也抓紧拍乱飞的"苍蝇"。坚决斩断一些伸向扶贫资金的黑手、坚决深挖彻查涉黑涉恶腐败和"保护伞"、坚决以霹雳手段严惩"蝇贪""蚁腐"，持续开展海外追逃的"猎狐"行动，既让各级各类贪污腐败分子受到了惩罚，也产生了极大的震慑力，使许多未被发现的贪污腐败分子纷纷投案自首，这充分表明中国共产党全面从严治党和党风廉政建设驰而不息，维护人民群众利益的决心坚如磐石。反腐败斗争的压倒性胜利，表明全面从严治党和党风廉政建设的相关举措已经对党员干部产生了全员、全程、全息的复合作用，不想贪、不能贪、不敢贪的氛围逐渐形成，也使人民群众利益得到更好的保障。

反腐败斗争能取得压倒性胜利是全面加强党风廉政建设的成果。始终保持党风廉政建设和反腐败斗争的高压态势，坚持重遏制、强高压、长震慑、零容忍，让贪污腐败分子惶惶不可终日、形成巨大的精神压力和心理压力，从而畏惧党纪国法的严惩而投案自首，实现党风廉政建设和反腐败斗争的全覆盖和零真空，促使党员领导干部处于全天候的管控状态，杜绝一切贪污腐败行为产生的空间和时间，形成了严密的惩防机制。始终整治群众身边的"微腐败"现象，县市党委建立了巡察制度，对各种民生领域进行专项整治，处理了一大批因涉嫌扶贫民生、救济救灾、生态环境修复、涉黑涉恶、操控基层政权等的腐败分子。始终保持海外追逃的指向和增强追逃追赃力度，深化国际反腐败执法合作、主动参与各种相关规则的制定和完善、加强司法协助以及引渡等事宜，扭转了"一贪就跑""一跑就了"的尴尬局面，让原本逍遥法外的贪污腐败分子受到党纪国法的处理。

（二）反腐败斗争依然任重道远

党的十八大以来，中国共产党秉持党廉则政清、政清则国兴、国兴则民幸的理念，始终坚持标本兼治、综合治理、惩防并举、注重预防的方针，加强党员干部的理想信念教育，增强党员干部的宗旨意识，促使党员干部永葆中国共产党人的初心和牢记中国共产党人的使命，坚决让铁规发力、让禁令生威，坚定不移地将反腐败、全面从严治党、党风廉政建设持续引向深入，反腐败斗争取得压倒性胜利。"同时，我们也要清醒地看到，当前一些消极腐败现象仍然易发多发，一些重点领域大量违纪违法案件影响恶劣，反腐败斗争形势依然严峻。"①各种团伙化、智能化、隐匿化的腐败行为和腐败现象层出不穷，各类涉及民生项目的腐败行为屡禁不止、人民群众意见极大、怨声载道。反腐败斗争依然任重道远。因此，党的十九大以来，各级纪检监察机关坚决贯彻落实党的十九大部署和习近平总书记重要论述和指示批示精神，为进一步提升中国共产党的创造力、凝聚力、战斗力，向新时代滋生在中国共产党肌体上的毒瘤和顽瘴痼疾开刀，向腐蚀党的先进性和纯洁性的贪腐病菌宣战，推动了党风廉政建设、反腐败斗争以及全面从严治党的迅猛发展，确保了党中央重大决策战略部署落实落地，取得了有目共睹的扎实成效。

反腐败斗争依然任重道远，主要原因就在于诸多涉及人民群众利益领域的贪腐现象因面广量大而尚未得到全面彻底的查处。这些领域主要集中在教育、卫生、工程建设等民生领域。这些领域的消极腐败现象主要表现为以权

---

① 《习近平谈治国理政》第一卷，外文出版社2014年版，第385～386页。

谋私的乱收费、乱罚款、乱摊派、与民争利，将民生领域异化为本部门本单位甚至是个人的提款机；工作中"庸懒散浮拖""吃拿卡要""生冷硬推""门难进、脸难看、事难办"等；在对待上级决策部署上打折扣、作选择、搞变通、当面表态背后硬顶、搞上下两张嘴、乐当两面人、瞒天过海；在项目建设以及资金管理方面虚报冒领、雁过拔毛、优亲厚友、贪污侵占等。消极腐败现象易发多发的总根子就是官僚思想作祟，不仅严重伤害了党和政府在人民群众中的形象和威望，而且动摇了治国理政的群众基础和根基。任其蔓延，中国共产党就会失去根基、失去血脉、失去力量，就会招致亡党亡国的惨境。

反腐败斗争依然任重道远，是因为反腐败压倒性态势下仍出现的腐败现象，这表明腐败意识在腐败分子脑子里已经根深蒂固，当官发财以及拜金主义等封建思想或者资产阶级的腐朽思想在党员干部中依然有市场，因而即使反腐败斗争不断拓展和深入、全面从严治党的要求和标准不断提高、党风廉政建设持续不断，也依然有众多的贪腐分子前赴后继；也表明要全面切实维护人民群众的利益依然面临着严峻的挑战，全面从严治党依然任重道远，必须要坚持理想信念教育和健全党纪党规相统一的反腐败斗争策略和全面从严治党的要求，才能铲除党员干部主观世界的贪腐意识，才能将贪腐分子绳之以法。因此，中国共产党必须树立啃硬骨头、打硬仗和持久战的决心和勇气，顺应新时代发展大势，加大全面从严治党的步伐和力度；始终保持全面从严治党永远在路上的作风，始终保持反腐倡廉没有休止符的信念，牢记反腐败斗争和党风廉政建设既是攻坚战也是持久战，全面从严治党一刻也不能松懈，一刻也不能停止；确保全面从严治党成为常态，确保每一个中国共产党党员都能经得起各种考验，成为立场坚定、意志坚强、行动坚决的党员，主动增强"四个意识"、坚定"四个自信"、做到"两个维护"，为决胜全面建成小康社会提供坚强的组织保障。

人心是最大的政治。一个政党，一个政权，其前途命运以及兴衰荣辱取决于人心向背。中国共产党来自人民、植根人民、服务人民。腐败是对人民群众利益的最大伤害，必须要零容忍和严查处，否则中国共产党和人民群众之间就会隔着一条不可逾越的鸿沟，党就会失去根基、失去力量。习近平总书记在党的十九大报告中指出："只有以反腐败永远在路上的坚韧和执着，深化标本兼治，保证干部清正、政府廉洁、政治清明，才能跳出历史周期律，确保党和国家长治久安。"①反腐败斗争压倒性态势下的腐败现象，尤其是涉及民生领域以及重点领域多发易发的腐败现象，最为人民群众所关注，其危害更甚于反腐败斗争压倒性态势形成前，直接挑战着党纪国法的权威性，危及人民群众对全面从严治党的信任和期待，动摇党治国理政的群众基础。为此，要加大整治群众身边腐败问题力度，坚决查处扶贫民生领域优亲厚友、雁过拔毛、截留私分、贪污挪用、虚报冒领等腐败现象；坚决打击村霸街痞、宗族恶势力，深挖其背后的"保护伞"，提高人民群众的安全感；让人民群众切实感受到全面从严治党、反腐败斗争、党风廉政建设的实效和成效。

（三）彻底消除当前对反腐败斗争存在的错误认识

党的十八大以来，全面从严治党和党风廉政建设的力度不断增强、广度不断拓展、深度不断持续，党纪党规不断健全，制度的笼子越织越密，防腐前控的机制也不断建立和完善，"有权任性""以权谋私""权钱交易"等现象得到有效遏制，这是全面从严治党、反腐败斗争和党风廉政建设取得的巨大成绩。但是，一些心存侥幸或者心存贪念的党员干部顿感失落，健全的党纪党规让他们浑身不自在，因此，为官不为和消极怠政的现象开始滋生蔓延，并且将为官不为和消极怠政的现象归结为反腐所致，产生将反腐败斗争和党风廉政建设视为党员干部积极作为消解剂的错误认识，将人民赋予的权力作为混日子的工具，抛弃了全心全意为人民服务的宗旨和要求。这种消极作为现象及其认识是根本错误的，完全背离了中国共产党全心全意为人民服务的宗旨，背离了中国共产党的初心和使命。

反腐败斗争和党风廉政建设中出现的消极作为现象及其错误认识，从根本上违背了马克思主义政党的属性和本质，是"人为利己主义"以及"利益是人实践活动的动力和目的"错误思想的翻版。任其滋生蔓延，必然会导致民心背离、党心涣散。因此，必须要对反腐败斗争和党风廉政建设中出现的消极作为现象及其相关错误言论，保持清醒的态度和坚决的斗争。反腐败斗争压倒性态势下出现的消极作为现象滋生蔓延，违背了中国共产党人的初心

---

① 习近平：《决胜全面建成小康社会 夺取新时代中国特色社会主义伟大胜利——在中国共产党第十九次全国代表大会上的报告》，人民出版社2017年版，第67页。

和使命，削弱了党的生机和活力，阻抗党的先进性的发展，从本质上讲就是缺乏对反腐败斗争和全面从严治党的正确认识。中国共产党的性质和宗旨，决定了中国共产党必须要为人民利益而奋斗，坚决与各种侵犯人民群众利益的腐败现象和腐败行为作斗争。习近平总书记指出："为民服务，党的干部必须做人民公仆，忠诚于人民，以人民忧乐为忧乐，以人民甘苦为甘苦，全心全意为人民服务。"①因此，必须要与消极怠政现象作坚决斗争，激发广大党员勤勉敬业、坚持原则、面对大是大非敢于发声和亮剑、面对矛盾和困难积极迎难而上、面对各种歪风邪气敢于坚决斗争，确保党的队伍永葆生机和活力，创造出经得起人民、经得起实践、经得起历史检验的政绩。

　　腐败是社会的毒瘤，腐败是侵犯党健康肌体的病菌，反腐败斗争和全面从严治党是纯洁党风、确保党保持蓬勃向上的重要路径。将消极作为现象的滋生蔓延视为是反腐败斗争所致，这是对中国共产党党史、中华人民共和国历史的无知或者歪解，也是对中国共产党宗旨、初心和使命的背叛。中国共产党辉煌的历史进程证明，反腐败是纯洁党性、增强党的凝聚力向心力战斗力、激发广大党员干事创业积极性主动性创造性的法宝。因此，对于消极怠政现象，必须要加大对党员理想信念的教育，提高党员的马克思主义理论水平，确保党员真正信仰马克思主义和树立远大的共产主义理想，激发广大党员以坚定的共产主义信念矢志不移地为中国特色社会主义事业而不懈奋斗，解决消极怠政的思想总开关问题。坚定不移惩治腐败，是中国共产党有力量的表现，也是全党同志和广大人民群众的愿望。将反腐败斗争和消极怠政牵强起来，这是为腐败分子开脱的无理借口，是对历史唯物主义的彻底背叛。习近平总书记指出，所有共产党员都不得谋求任何私利和特权。这个问题不仅是党风廉政建设的重要内容，而且是涉及党和国家能不能永葆生机活力的大问题。②反腐败斗争和全面从严治党有效地遏制了特权思想和特权现象，有的党员干部因此而消极怠政，对此必须要坚决惩治、绝不能姑息。

　　反腐败斗争衍生的消极作为现象及其相关的错误认识，必须要彻底澄清和坚决批判。同时，认为反腐败斗争是短期性行为的错误认识也不能忽视。2017年10月25日，习近平总书记在十九届中共中央政治局常委同中外记者见

---

①《习近平谈治国理政》第一卷，外文出版社2014年版，第413页。

②《习近平谈治国理政》第一卷，外文出版社2014年版，第388页。

面时强调，"全面从严治党永远在路上，不能有任何喘口气、歇歇脚的念头。"反腐败斗争是一项具有复杂性、长期性的艰巨任务，事关党和国家的生死存亡。中国特色社会主义建设的长期性、艰巨性、复杂性，决定了中国共产党必然要持续性地对各种腐败思想和行为作坚决的斗争，决不允许贪图虚名、唯我独尊、精神懈怠、生活奢华、骄奢淫逸、以权谋私、腐败堕落等在党内滋生蔓延。"船到中流浪更急，人到半坡路更陡"，反腐败斗争、全面从严治党、党风廉政建设必然会随着经济社会的发展而不断变异，必须要持续不断、不能有歇脚松气的念头。在肯定成绩的同时，也要清醒地认识到，滋生腐败的土壤依然存在，反腐败形势依然严峻复杂，一些不正之风和腐败问题影响恶劣、亟待解决，全党同志要深刻认识到反腐败斗争的长期性。

当前，反腐败斗争形势依然严峻复杂，不收手、不收敛的问题依然存在，不能腐的体制机制还需完善，离不想腐的目标尚有距离，巩固发展反腐败斗争压倒性胜利，坚定不移把全面从严治党引向深入依然任重道远。必须彻底消除当前对反腐败斗争存在的错误认识，坚持和加强党的领导，坚持党要管党、全面从严治党；决不能有差不多了，该松口气、歇歇脚的想法，决不能跌入抓一抓、松一松，出了问题再抓一抓又松一松的循环，否则党风廉政建设和反腐败斗争就会前功尽弃，不正之风和腐败就会卷土重来。

第五章　强化思想理论武装
把人民放在心中最高位置

注重从思想建设上夯实人民主体地位，切实尊重、维护和实现人民群众的根本利益，是中国共产党人鲜明的特色、光荣的传统和独特的优势。马克思、恩格斯在其合著的《德意志意识形态》中深刻批判了历史唯心主义，全面系统阐述了历史唯物主义的基本原理，并揭示了"全部人类历史的第一个前提无疑是有生命的个人的存在"[①]的历史规律，充分肯定了人民群众在社会历史发展过程中的地位和作用。马克思主义唯物史观的诞生，第一次从真正意义上深刻揭示了长期以来在社会历史发展规律问题上忽视人的主体地位，尤其是占人口大多数的人民大众的作用与利益的历史缺陷。因此，坚持人民立场，坚持人民主体地位，把人民放在心中最高的位置，是真正的马克思主义者的行为准则，是马克思主义政党能始终保持生命力的关键所在。

一、加强理论武装，树立人民主体理念

习近平总书记在纪念马克思诞辰200周年大会上的讲话中指出，"中国共产党之所以能够历经艰难困苦而不断发展壮大，很重要的一个原因就是我们党始终重视思想建党、理论强党，使全党始终保持统一的思想、坚定的意志、协调的行动、强大的战斗力。"[②]理论强党从根本上讲，就是把马克思主义这个看家本领学精悟透，而坚定的人民性是马克思主义鲜明的理论特征。因此，

---

① 《马克思恩格斯选集》第一卷，人民出版社1995年版，第67页。
② 《习近平关于"不忘初心、牢记使命"论述摘编》，党建读物出版社、中央文献出版社2019年版，第349页。

从理念的创新深化马克思主义政党关于人民主体思想，全面推进党的思想建设，是全面从严治党的理论前提和历史要求。

（一）强化马克思主义人民群众观，切实保障人民主体地位

唯物史观从社会存在决定社会意识的前提条件出发，提出人民群众是社会历史的创造者。中国共产党人始终坚持人民群众观，不断在实践中创新和发展人民群众观，不仅将人民群众视为社会财富的创造者，更进一步提出人民群众也是其创造财富的享受者。人民群众是财富创造与成果享受的主体理念，揭示了人民群众作用发挥和成果享受的辩证统一。生产力与生产关系、经济基础与上层建筑的矛盾运动规律是社会历史发展的基本规律，这其中起决定作用的是生产力的发展。劳动者是生产力要素中最为活跃的因素，是变革生产关系的决定性力量。马克思主义政党深刻批判了资本主义社会罔顾社会公平、割裂生产与享有、颠倒目的与手段等违背社会发展规律的价值导向与现实做法，提出了无产阶级谋求人民彻底解放，就必须真正实现人民群众是社会历史创造者的奋斗目标。

1. 夯实人民群众是社会财富创造主体的理念

人民群众是社会历史的创造主体的理念蕴含丰富的思想内涵，它至少包括两层含义，即人民群众不仅是社会物质财富的创造主体，而且也是社会精神财富的创造主体。

首先，人民是社会物质财富的创造主体。人民群众是社会生产力的主体，为社会活动提供了物质生活资料。无论人类社会发展到何种水平，物质生产实践活动都是维系人类物种存续的最根本的实践活动，离开人民群众的物质生产实践活动，社会就无法存在，人类就无法生存，人类社会生活的其他方面就无从谈起。人民群众是社会物质财富的创造主体还表现为，人民群众通过变革生产工具直接推动了人类社会的发展。生产工具是衡量一个社会、一个国家先进与否的重要尺度，而人民群众是生产工具的直接创造者和使用者。人类社会从古至今先后经历了石器时代、铁器时代、蒸汽时代和信息化时代，每一次生产工具的变革都标志着人类社会的重大进步，而每一次生产工具的变革又引起了生产力与生产关系、经济基础与上层建筑，这两大人类社会基本矛盾的运动发展，从而整体上推动了人类社会的深刻变革和巨大发展。因

此，作为社会物质财富的创造主体，人民同时也成了推动社会发展与进步的决定性变革力量。

其次，人民是社会精神财富的创造者。人民是社会精神财富的创造主体，首要表现为人民是文化生产的主体。人民群众的生产活动为精神生产提供了必要的物质条件。马克思主义明确指出，人首先要解决衣食住行等基本的物质生活需求，然后才能从事文学艺术等精神文化活动，从而揭示了生产力水平是衡量人民群众社会实践水平的重要尺度。当前，中国特色社会主义进入了新时代，人民群众的内部矛盾已经发生了深刻的变革，人民群众对美好生活的向往已经不再停留于纯粹的物质层面，丰富而多元的精神诉求是社会物质生产力发展的必然结果。能否满足人民群众追求和实现对文化生产的参与意愿、创造意愿与享受需求，是考验一个政党是否具有与时俱进意识的重要标尺。

此外，人民是社会精神财富的创造主体，还要使人民努力掌握科学文化。马克思指出，"哲学把无产阶级当做自己的物质武器，同样，无产阶级也把哲学当做自己的精神武器；思想的闪电一旦彻底击中这块朴素的人民园地，德国人就会解放成为人。"①从而揭示了人民要实现精神财富创造主体的地位就必须努力掌握科学文化，只有实现哲学与人民相结合，即人民只有把哲学变为现实，才能实现自己的主体地位。列宁进一步指出，先进的思想不会自发地在工人中产生，只能从外部灌输。而教育是科学理论、先进思想灌输的重要途径，大力发展教育事业，继续实施和推进科教兴国战略，夯实中国特色社会主义现代化建设事业的文化根基和科技基础，是维护和发挥人民群众精神创造主体地位的必然诉求。

2. 践行人民群众是社会发展成果享受主体的理念

马克思主义唯物史观告诉我们，人民群众不仅是一切社会财富的创造者，而且也是一切创造成果的享受主体，人民创造财富与享受成果是辩证统一的关系，这也是维护社会公平正义的价值准则和行为标准。任何时候，任何主观和客观上的排斥和剥离二者关系的思想或行为，都将会对社会实践造成极大的危害和损伤。中国共产党历经98年波澜壮阔的发展历程，在领导革命、

---

① 《马克思恩格斯文集》第一卷，人民出版社2009年版，第18页。

建设和改革的伟大实践中，不论党所处的历史方位、所担负的历史任务发生怎样的变化，坚持人民主体思想却始终没有变。

一是要尊重人民首创精神。人民首创精神，是改革创新的关键动力，这也是由人民群众在社会历史发展中的主体地位和作用所决定的。人民的创新实践与社会革命、建设、改革实践高度统一于党领导的社会主义革命、建设和改革开放事业全过程。新时代尊重人民群众首创精神，必须依靠人民，激发和调动人民的创造活力，最大限度地发挥人民群众的聪明才智。2012年12月，习近平在广东考察时指出，尊重人民首创精神，就是在深入调查研究的基础上提出全面深化改革的顶层设计和总体规划，尊重实践、尊重创造，鼓励大胆探索、勇于开拓，聚合各项相关改革协调推进的正能量。这就从内容与形式、理论与实践、宏观指导与微观操作三重维度，为我们指明了尊重人民群众首创精神的科学内涵。从内容与形式的辩证关系维度来看，尊重人民群众首创精神，不仅要重视思想创新，也要创新方式、方法，勇于开拓，允许试错；从理论与实践的辩证关系维度来看，不仅要注重思维、理念与思想的创新，而且要强化实践；从宏观指导与微观操作维度看，要将顶层设计与具体操作相结合。强调人民首创精神，并不是要忽视人民对利益与权利的享有，习近平总书记认为要"坚持人民主体地位，发挥人民首创精神"，要"着力解决好人民群众最关心最直接最现实的利益问题，不断让人民群众得到实实在在的利益"，只有这样才能"充分调动人民群众的积极性、主动性、创造性。"①

二是要坚决维护好和发展好人民群众的根本利益。习近平总书记深刻地指出，"共产党就是为人民谋幸福的，人民群众什么方面感觉不幸福、不快乐、不满意，我们就在哪方面下功夫，千方百计为群众排忧解难。"②维护好和发展好人民群众的根本利益，是中国共产党人一切工作的出发点和落点脚，同时也是激发主体创新精神，巩固和维护主体地位、发挥主体作用的动力保障。人民群众利益的实现程度，从根本上反映了人民主体思想的实现程度。习近平总书记指出，"我们的人民热爱生活，期盼有更好的教育、更稳定的工作、

①《习近平主持召开中央政治局专门会议并发表重要讲话》，《实践（思想理论版）》2013年第7期。

②《习近平新时代中国特色社会主义思想三十讲》，学习出版社2018年版，第225页。

更满意的收入、更可靠的社会保障、更高水平的医疗卫生服务、更舒适的居住条件、更优美的环境，期盼孩子们能成长得更好、工作得更好、生活得更好。人民对美好生活的向往，就是我们的奋斗目标"。①而人民群众最期盼、最关心的问题集中反映在社会民生领域，为此，习近平总书记强调要把民生建设和党的建设高度融合在一起，牢固树立为人民服务的思想，始终把人民群众最关心、最现实的利益问题放在心中最高位置，在保障和改善民生中，既要发挥党和政府的作用，千方百计为人民群众排忧解难，又要彰显人民群众自身的奋斗精神，让人民在不断发展着的实践中切实提升获得感。

三是要营造公平正义的制度环境。公平正义是中国特色社会主义的内在要求，实现公平正义是我们党一贯的主张。制度是夯实党的事业、维护群众利益的屏障。人民主体地位的确立、主体作用的发挥、主体利益的维护，本质上都离不开健全的制度保障。习近平总书记反复强调，要把促进社会公平正义、增进人民福祉作为一面镜子，审视我们各方面体制机制和政策规定，哪里有不符合促进社会公平正义的问题，哪里就需要改革；哪个领域哪个环节问题突出，哪个领域哪个环节就是改革的重点。②而每一项重大改革的推进，都必须立足于人民的立场，以维护和实现人民利益为出发点，否则工作就无法取得实效。而如果不创造更加公平的社会环境，不能带给老百姓实实在在的利益，改革发展不仅失去意义，也难以持续。因此，首先，要坚守底线思维，强化社会政策托底，全面夯实民生基础。社会政策最根本的任务就是提供民生保障，鉴于我国发展不平衡的现实状况，要充分保障人民群众基本生活，就要突出重点，有所侧重，要从制度层面对重点群体和重点地区有所倾斜，要形成系统全面的制度保障，使制度更加公平、普惠和可持续。③用制度营造良好的舆论氛围和社会预期，使改善民生既是党和政府的工作方向，又成为广大人民群众自身奋斗的目标。只有这样，我们党才能在守住民心的同时，保持党的先进性和纯洁性。其次，建立健全保障民生权益的法律制度。

①《习近平在十八届中央政治局常委与中外记者见面时的讲话》，《人民论坛》2012年第33（7）期。

②《习近平新时代中国特色社会主义思想三十讲》，学习出版社2018年版，第233页。

③《习近平总书记系列重要讲话读本（2016年版）》，学习出版社、人民出版社2016年版，第215页。

法治是现代社会治理的重要方式，善于运用法治思维、法治方式、法治举措解决民生问题，也是衡量一个政党是否具备现代化治理能力的一个重要标准。习近平总书记多次指出，坚持党的领导，是社会主义法治的根本要求。党和法的关系是一个根本问题，二者关系处理好了，则法治兴、党兴、国家兴；处理不好，则法治衰、党衰、国家衰。"社会主义制度保证了人民当家作主的主体地位，也保证了人民在全面推进依法治国中的主体地位。这是我们的制度优势，也是中国特色社会主义法治区别于资本主义法治的根本所在"①。因此，社会法治建设"要把体现人民利益、反映人民愿望、维护人民权益、增进人民福祉落实到依法治国全过程，使法律及其实施充分体现人民意志"②。党的十八大以来，随着全面深化改革的深入推进，原有的利益格局将被逐渐打破，围绕着利益问题呈现的各种社会矛盾持续增多，而这其中大部分问题都需要上升到法治层面加以应对。现实是，在民生领域，诸如食品药品安全、生态保护、网络安全等领域都存在着相关法律法规不够全面，针对性、适用性不强等迫切需要解决的问题。"政法工作要把保证人民安居乐业作为自己的根本目标"③，是十八大以来党的工作的一个重要内容，通过法治建设彰显社会公平正义，保障群众合法权益，也成为全面从严治党的重要内容。

（二）树立人民群众是国家治理与权力监督主体的理念

坚持人民主体地位，切实保障人民管理国家与权力监督的权利和义务，既是宪法赋予每个公民的基本权利和义务，也是马克思主义政党治国理政的基本原则，同时还是新时代创新发展人民群众观，强化党的思想建设的题中之义。习近平总书记指出："中国共产党领导人民实行人民民主，就是保证和支持人民当家作主。"④"人民当家作主不是一句口号、不是一句空话，必须落实到国家政治生活和社会生活之中。"⑤

---

① 《习近平谈治国理政》第二卷，外文出版社2017年版，第115页。
② 《习近平关于全面依法治国论述摘编》，中央文献出版社2015年版，第29页。
③ 《习近平谈治国理政》，外文出版社2014年版，第148页。
④ 《习近平总书记系列重要讲话读本（2016年版）》，学习出版社、人民出版社2016年版，第170页。
⑤ 同上。

1. 人民是国家治理的主体

习近平总书记指出，"实行人民民主，保证人民当家作主，必须坚持国家一切权力属于人民的宪法理念。要最广泛地动员和组织人民依照宪法和法律规定，通过各级人民代表大会行使国家权力，通过各种途径和形式管理国家和社会事务、管理经济和文化事业，共同建设，共同享有，共同发展，成为国家、社会和自己命运的主人。"①国家不仅是阶级统治的工具，而且也是管理社会公共事务的机关。马克思指出，国家既包括执行由一切社会的性质产生的各种公共事务，又包括由政府同人民大众相对立而产生的各种特殊职能。列宁更明确提出，国家就是从人类社会分化出来的管理机构。马克思总结巴黎公社经验时，高度赞扬了公社用实践证明国家公职不是只有受过特殊训练的阶层的私有权，"国家事务的神秘性和特殊性这一整套骗局被公社一扫而尽"②，他们找到了革命胜利时使革命领导权掌握在人民手中的办法，即"用他们自己的政府机器去代替统治阶级的国家机器、政府机器"③。这一观点不仅充分肯定了人民在国家中的主体地位，而且也为无产阶级取得政权以后如何管理国家指明了方向，即应当"通过人民自己实现的人民管理制"④，通过社会自治来实现人民的当家作主，管理人民的情况应当逐渐被人民自治所取代。⑤列宁进一步深化了这一思想，他认为，社会主义真正的目的是"要吸收全体贫民实际参加管理"⑥，即社会主义国家要充分发挥人民群众的自主权，因为"委托'代表机构中的人民'代表去实行民主是不够的。要立即建立民主，由群众自己从下面发挥主动性，有成效地参与全部国家生活"。⑦改革开放以来，在以实现和维护人民群众根本利益为宗旨的马克思主义政党的领导下，逐渐形成了以中国共产党为领导核心、以政府为主导、以社会组织为主要力量、以公众为基础的层次分明、重点突出、立体多元的社会治理主体结

---

① 《习近平总书记系列重要讲话读本（2016年版）》，学习出版社、人民出版社2016年版，第170页。

② 《马克思恩格斯选集》第三卷，人民出版社1995年版，第96～97页。

③ 《马克思恩格斯选集》第三卷，人民出版社1995年版，第107页。

④ 《马克思恩格斯全集》第十七卷，人民出版社1963年版，第366页。

⑤ 《马克思恩格斯选集》第四卷，人民出版社1995年版，第95页。

⑥ 《列宁选集》第三卷，人民出版社1995年版，第504页。

⑦ 《列宁全集》第二十九卷，人民出版社1985年版，第270页。

构思想。这就在一定程度上明确了人民群众在国家治理中的主体定位，揭示了人民作为治理主体参与国家治理具有多元化、多层次的深刻内涵。

2. 人民是权力监督的主体

人民是国家治理的主体，同时也是权力监督的主体，二者并不存在并行相悖的矛盾，相反二者具有辩证的内在同一性。国家的产生是人民赋权的必然结果，人民作为国家的主人具有历史和逻辑必然性。国家的产生一定意义上来说，就是人民为了维护自身权益，将权力集中于国家这一管理机构的过程。《中国共产党党章》明确要求，党的各级领导干部必须正确行使人民赋予的权力。早在延安时期，针对民主人士黄炎培关于中国共产党如何跳出历史周期律的影响，走上一条真正属于人民道路的疑问，毛泽东明确指出，我们已经找到了新路，那就是民主。只有让人民来监督政府，政府才不敢松懈；只有人人起来负责，才不会人亡政息。习近平总书记强调指出："没有民主就没有社会主义，就没有社会主义的现代化，就没有中华民族伟大复兴。我们必须坚持国家一切权力属于人民，坚持人民主体地位，支持和保证人民通过人民代表大会行使国家权力。"①改革开放以来，我们党始终坚持中国特色社会主义民主政治发展道路，坚持党的领导、人民当家作主、依法治国有机统一，不断完善和发展人民民主政治制度，在深化政治体制改革的过程中，始终以保证人民当家作主为根本目标，最广泛地组织和动员人民依法管理国家事务、社会事务，管理经济、文化等各项事业，在深化改革开放的实践进程中巩固和强化了人民的主体地位。

（三）深化人民群众是社会实践与制度创新主体的理念

思想建设不是孤立的，思想源自于实践，也要回到实践接受实践检验。马克思主义揭示了人类的全部历史活动都是由人的实践活动所构成，实践性是马克思主义首要的基本的观点，同时也是理解和把握历史唯物主义的一个总开关。

---

① 《毫不动摇坚持和完善人民代表大会制度 坚持走中国特色社会主义政治发展道路》，《人民日报》2014年9月6日。

1. 人民是一切社会实践的主体

人民是社会实践的主体，是理解马克思主义历史唯物主义历史观的前提，它告诉我们认识和把握社会历史的基本问题，只有从人的实践活动中去把握，离开实践谈任何问题，最终只会陷入神秘主义的泥淖。新时期要把握人民是社会实践的主体，就必须承认人民是中国特色社会主义各项事业的实践主体。习近平总书记反复强调，保证人民当家作主，不是一句口号，必须具体、现实地体现到党的执政和国家治理实践中去，"要把政治智慧的增长、治国理政本领的增强深深扎根于人民的创造性实践之中，使各方面提出的真知灼见都能运用于治国理政。"[1]

首先，人民群众的实践是中国人民站起来的实践活动。在新民主主义革命时期，以毛泽东同志为主要代表的中国共产党人深刻认识到，只有依靠群众，走群众路线，才能带领中国人民完成反帝反封建的历史任务。也正是在以人民群众是社会历史创造者的马克思主义历史观的指导下，才形成了一系列有助于推动革命运动的正确的理论观点和经验总结，诸如"兵民是胜利之本""真正强大的力量在于人民""全心全意为人民服务"等，调动了人民的革命主体积极性，结束了中国自1840年以来长期战争、军阀混战、内忧外患、亡国灭种的时代危机。

其次，人民群众的实践是中国人民富起来的实践活动。改革开放以来，党的历代领导集体继承马克思主义人民主体思想的同时，在改革开放的实践进程中不断丰富和创新发展了人民主体思想，提出了一系列符合时代发展特征和党的事业阶段性发展特征的人民主体思想，为中国人民走向共同富裕道路开辟了新的发展境界。以邓小平同志为主要代表的中国共产党人，尊重人民首创精神，善于从群众创新实践中总结经验，制定出了一系列符合人民根本利益的方针、政策。形成了以"人民赞不赞成""人民高不高兴""人民答不答应"[2]的衡量党的各项工作的最高标准，提出了"是否符合广大人民群众根本利益"在内的检验党的事业成败的"三个有利于标准"[3]。党的十三届四

---

[1]《习近平总书记系列重要讲话读本（2016年版）》，学习出版社、人民出版社2016年版，第172页。

[2]《十六大以来重要文献选编》上，中央文献出版社2005年版，第618~619页。

[3]《改革开放三十年重要文献选编》下，人民出版社2008年版，第981页。

中全会以后，以江泽民同志为主要代表的中国共产党人，总结经验开拓创新，坚持以维护和实现人民根本利益作为党的全部工作的出发点和落脚点，提出了"全心全意为人民服务，立党为公，执政为民，是我们党同一切剥削阶级政党的根本区别"①，"任何时候任何情况下，与人民群众同呼吸共命运的立场不能变"②，"坚信群众是真正英雄的历史唯物主义观点不能丢"③等思想，为中国共产党在面临国际共产主义运动低潮时期，不仅稳定了中国共产党领导的无产阶级革命事业，而且进一步深化了人民主体思想。党的十六大以后，以胡锦涛同志为主要代表的中国共产党人，把解决人民最关心最直接的现实利益问题摆在一切工作的首位，提出了"相信谁、依靠谁、为了谁，是否始终站在最广大人民的立场上，是区分唯物史观和唯心史观的分水岭，也是判断马克思主义政党的试金石"④等一系列人民主体思想，充分体现和发挥了党维护人民群众主体地位、发挥主体作用、维护主体利益的根本立场、观点和方法。

最后，人民群众的实践也是推动中国人民强起来的实践活动。新时代中国特色社会主义的生动实践，是以习近平同志为核心的中国共产党人以人民为中心的发展思想形成的实践基础。党的十八大以来，面对国内外形势发生深刻变化的客观要求，中国共产党人面临着如何应对各种严峻形势和重大现实问题的挑战。从国际环境来看，全球经济复苏依然乏力，局部冲突、恐怖主义、生态恶化等全球性危机依然存在，贸易战争、逆（反）全球化浪潮等持续升级，世界处于大发展大调整时期。就国内而言，经济发展进入新常态，经济结构转型迫在眉睫，发展不平衡不充分问题突出。人民群众日益增长的对美好生活的需求得不到满足的问题集中于民生领域。看不见硝烟的意识形态领域斗争异常复杂，党风廉政建设任重道远，党面临着严峻的风险考验。如何应对这些问题，习近平总书记指出："无论遇到任何困难和挑战，只要有人民支持和参与，就没有克服不了的困难，就没有越不过的坎。"⑤为此，党

---

① 《改革开放三十年重要文献选编》下，人民出版社2008年版，第1173页。
② 《习近平谈治国理政》第二卷，外文出版社2017年版，第295页。
③ 《胡锦涛文选》第一卷，人民出版社2016年版，第495页。
④ 《十六大以来重要文献选编》上，中央文献出版社2005年版，第369页。
⑤ 《习近平谈治国理政》，外文出版社2014年版，第97页。

的十八大以来，以人民为中心的发展思想始终贯穿于以习近平同志为核心的中国共产党人治国理政全过程，彰显了人民群众在推动中国人民强起来实践活动中的主体定位、主体作用、主体价值，充分维护了人民主体利益。

2. 人民是制度创新的主体

思想建设要与制度建设同向而行，是习近平总书记始终强调的一个重要命题。制度是保障人民主体定位、发挥人民主体作用、维护人民主体利益、彰显人民主体价值的根本保障。马克思在《黑格尔法哲学批判》中指出："正如同不是宗教创造人而是人创造宗教一样，不是国家制度创造人民，而是人民创造国家制度。"①习近平总书记更加浅显易懂地阐释了马克思主义这一思想，他指出："有事好商量，众人的事情由众人商量，是人民民主的真谛。"②这句话涵括了两层意思：一方面，制度产生于人民群众的社会实践。马克思揭示了人类一切矛盾产生的根源都围绕着实践活动产生的各种利益需求。利益是推动人类社会发展的内在动力的具体反映，而制度的产生就是为了从法律意义上赋予调节和平衡各种利益关系的工具、手段以合法性。另一方面，制度的实践需要依靠人民。一种制度能否得到顺利实施，关键在于一种制度能否体现和维护人民群众的根本利益，能否彰显最起码的公平正义，否则再科学、再完善的制度，都将流于形式。新时代，树立人民是社会实践与制度创新的主体理念，就必须以问题为导向，以保障人民基本权益，维护社会公平正义为底线，推进制度创新。

二、加强理想教育，牢记党的初心和使命

坚定理想信念是党的思想建设的首要任务。但是崇高的理想信念不会自发生成，更不会自动坚持和巩固。理想信念建立在科学理论的指导之下，建立在对历史规律的正确认知之上，建立在对现实社会存在的正确把握之上。因此，要从思想建设上夯实党的人民群众观，还必须抓好理想教育这个中国共产党人的党性根本要求，党性根本要求通俗来说就是牢记共产党人的"初

---

① 《马克思恩格斯全集》第一卷，人民出版社1956年版，第281页。
② 《习近平新时代中国特色社会主义思想三十讲》，学习出版社2018年版，第172页。

心"和"使命"。我们党自成立时就确立了为中国人民谋幸福的初心，肩负着为中华民族谋复兴的使命。习近平总书记在党的十九大报告中指出：中国共产党人的初心和使命，就是为中国人民谋幸福，为中华民族谋复兴。新时期牢记"初心"和"使命"，充分体现了党对过去的总结、现在的判断和未来的部署，是中国共产党人始终坚持和秉承的理想信念，必将激励中国共产党人不断迈向新的发展阶段。

（一）始终牢记为人民谋利益的初心

初心，是指一开始的心态，它反映和体现了社会实践主体活动的目标指向。中国共产党人的初心，就是为绝大多数人民群众谋利益。为绝大多数人谋利益，不仅是一个政党庄严而真挚的承诺，也是判断一个政党、一个党员是否是真正的马克思主义者的试金石。

1. 不忘初心，核心立场是永远保持中国共产党人的革命精神

习近平总书记在庆祝中国共产党成立95周年大会上从鞭策与自我反省的双重维度提出"不忘初心"，即"我们回顾历史，不是为了从成功中寻求慰藉，更不是为了躺在功劳簿上，为回避今天面临的困难和问题寻找借口，而是为了总结历史经验、把握历史规律，增强开拓前进的勇气和力量。"①习近平总书记对"不忘初心"的深刻阐释，充分揭示了革命精神对中国共产党人领导的革命事业永续发展的重要性，尤其是现阶段，部分党员共产主义理想信念有所淡化，革命精神不足、革命精神懈怠，不仅有损党的形象和威望，而且会导致一个政党迷失前进的方向。

回顾历史要传承革命精神。中国共产党自建党之日起，就把实现共产主义的崇高理想作为党奋斗终生的"初心"，这一初心的实现如果没有坚定的革命精神，就没有中国共产党由小变大、由弱变强的98年发展历程。没有坚定的革命精神，我们党就无法承担起领导中国人民实现新民主主义革命的胜利，实现共产主义的初心更无从谈起。没有坚定的革命精神，就不会取得社会主义改造任务的胜利。社会主义革命与建设时期，如果没有薪火相传的革命精

---

① 习近平：《在庆祝中国共产党成立95周年大会上的讲话》，《人民日报》2016年7月2日，第2版。

神，党就不会在经历挫折失败后仍然坚持共产主义的理想信念。没有高度警惕的革命精神，中国共产党就不会在20世纪末世界社会主义革命运动遭受重大挫折之时，依然坚守党的初心，带领中国人民探索出一条适合中国特色的社会主义发展道路。

遥望未来要坚定革命精神。革命精神，是历代中国共产党人在革命实践中日积月累形成的宝贵精神财富，是激励一代又一代中国共产党人战胜艰难困苦的精神法宝，是任何时代都必须坚守和传承的精神武器。党的十八大以来，如果没有改革创新的革命精神，中国特色社会主义就不会取得前人不敢想也不敢做的伟大创举，在21世纪的世界舞台上发出耀眼的光芒。现阶段，在全面决胜小康社会的关键时期，传承革命精神、坚守革命精神，依然是中国特色社会主义革命事业持续前进的不竭精神动力。

2. 不忘初心，要具有鲜明的政治立场

政治立场，是一个政党认同感、归属感、自豪感的集中反映。习近平总书记指出"人民立场是中国共产党的根本政治立场，是马克思主义政党区别于其他政党的显著标志"①，是中国共产党战胜一切艰难险阻的根本保证，是当代中国共产党人的崇高使命。马克思主义唯物史观确立了人民群众是历史创造者的主体地位，揭示了人民群众是历史发展和社会变革的决定性力量。坚持人民立场，是马克思主义政党的政治本色，也是马克思主义政党保持自身先进性和纯洁性的内在要求。坚持人民立场也是中国共产党性质和宗旨的本质体现。《中国共产党章程》明确了中国共产党代表最广大人民根本利益这一本质属性要求，这就决定始终站在人民立场为人民谋利益谋幸福，是中国共产党人的根本遵循。

3. 不忘初心，要把人民放在心中最高的位置

2013年，习近平总书记在河北调研党的群众路线实践教育活动时强调，党的根基在人民、血脉在人民、力量在人民，因此全党同志要把人民放在心中最高位置，坚持全心全意为人民服务的根本宗旨，实现好、维护好、发展好最广大人民根本利益，把人民拥护不拥护、赞成不赞成、高兴不高兴、答应不答应作为衡量一切工作得失的根本标准。把人民放在心中最高位置，就

---

① 习近平：《在庆祝中国共产党成立95周年大会上的讲话》，《人民日报》2016年7月2日，第2版。

要始终为人民利益而奋斗。马克思认为，人们奋斗的一切都同他们的利益密切相关，"思想一旦离开利益，就会使自己出丑"①。只有人民的利益得到实现和维护，人民主体地位才能得到有效保障。把人民放在最高位置，要充分尊重人民主体地位。充分保障人民当家作主的地位，是社会主义的本质要求，也是我们党一贯主张和坚持的基本思想。98年来，中国共产党始终把人民放在心中最高位置，视自己为人民的一分子，坚持全心全意为人民服务；坚持以人民为中心，尊重人民主体地位，坚持"人民是历史的创造者，是真正的英雄"；②我们党始终将人民对美好生活的向往作为自己的奋斗目标，倾听人民呼声，顺应人民需求；坚持在发展中保障和改善民生，保证全体人民在共建共治共享发展中有更多获得感，不断促进人的全面发展、实现全体人民的共同富裕。

（二）不断实现人民对美好生活的向往

党的十九大报告指出："带领人民创造美好生活，是我们党始终不渝的奋斗目标。必须始终把人民利益摆在至高无上的地位，让改革发展成果更多更公平惠及全体人民，朝着实现全体人民共同富裕不断迈进。"③中国特色社会主义已经进入了新时代，这是全国各族人民团结奋斗、不断创造美好生活、逐步实现全体人民共同富裕的时代。同时，新时代我国社会主要矛盾已经转变为人民日益增长的美好生活需要和不平衡不充分的发展之间的矛盾，这就要求党的全部工作必须坚持以人民为中心的发展思想，不断促进人的全面发展，努力实现全体人民的共同富裕。

1. 实现人民对美好生活的向往，始终是中国共产党人追求的目标

中国历届领导人将实现人民对美好生活的向往视为不懈奋斗的目标。毛泽东同志在准确分析近代中国社会国情基础上，明确指出中国近代革命的主要历史任务就是求得民族独立和国家富强。而这也成为近代中国人民最迫切的需求，是近代中国人民摆脱水深火热的悲苦境遇的美好生活向往。从而，不仅为中国革命指明了方向，也为中国革命争得了最为广泛的群众基础。改

①《马克思恩格斯选集》第二卷，人民出版社1957年版，第103页。
②《改革开放三十年重要文献选编》下，人民出版社2008年版，第1822页。
③《党的十九大报告辅导读本》，人民出版社2017年版，第44页。

革开放以后，面对十年"文革"造成的经济衰退、民生凋敝，邓小平同志顺应广大群众迅速恢复经济发展、满足物质文化生活的需求，作出了"我们一定要根据现有的有利条件加速发展生产力，使人民的文化生活、精神面貌好一些"①的正确决策。江泽民同志在2001年"七一讲话"中更是将人民富裕作为建设社会主义的根本目的，彰显了满足人民对物质生活的需求的价值追求。胡锦涛同志从人的价值、权益、自由等方面提出了要关注人的生活质量、发展潜能和幸福指数，不仅要保障人的生存权，更要保障人的发展权问题。逐步实现全国各族人民共同富裕，是新时代中国特色社会主义的一个鲜明特征。党的十九大明确提出2020年全面建成小康社会，并开始社会主义现代化新征程，到本世纪中叶，全面建成富强民主文明和谐美丽的社会主义现代化强国。

2. 实现人民对美好生活的向往，是新时期中国共产党人向全体人民群众作出的庄严承诺

2012年11月，习近平总书记对人民群众作出庄严承诺："人民对美好生活的向往，就是我们的奋斗目标。"②5年后，习近平总书记在党的十九大报告中再次明确指出，"全党同志一定要永远与人民同呼吸、共命运、心连心，永远把人民对美好生活的向往作为奋斗目标，以永不懈怠的精神状态和一往无前的奋斗姿态，继续朝着实现中华民族伟大复兴的宏伟目标奋勇前进。"③从人民群众的愿望和期盼来看，党的十九大提出的战略目标和行动纲领，顺应了人民日益增长的美好生活需要，体现了我们党为人民谋幸福的初心。随着我国迈入中等收入国家行列，人民群众对美好生活向往的愿景不断提升。党的十九大充分回应了人民群众过上更好生活的新期待，提出"要抓住人民最关心最直接最现实的利益问题，既尽力而为，又量力而行，一件事情接着一件事情办，一年接着一年干"，要"不断满足人民日益增长的美好生活需要"④，"使人民获得感、幸福感、安全感更加充实、更有保障、更可持续"，"要坚持把人民群众的小事当作自己的大事，从人民群众关心的事情做起，从让人民群

①《邓小平文选》第二卷，人民出版社1994年版，第128页。

②《习近平关于全面建成小康社会论述摘编》，中央文献出版社2016年版，第129页。

③ 习近平：《决胜全面建成小康社会 夺取新时代中国特色社会主义伟大胜利——在中国共产党第十九次全国代表大会上的报告》，人民出版社2017年版，第1页。

④ 习近平：《决胜全面建成小康社会 夺取新时代中国特色社会主义伟大胜利——在中国共产党第十九次全国代表大会上的报告》，人民出版社2017年版，第45页。

众满意的事情做起，带领人民不断创造美好生活"①，这些都是为满足人民对美好生活的向往所做的充足准备和精心部署，充分体现了全国各族人民的共同愿望和根本利益，体现了我们党坚持以人民为中心的发展思想，体现了我们党为人民谋幸福的初心不改、牢记使命的高尚情怀。

（三）牢记为中华民族谋复兴的伟大使命

中国共产党为中国人民谋幸福的初心不改，为中华民族谋复兴的使命仍在。党的十九大报告指出，"实现中华民族伟大复兴是近代以来中华民族最伟大的梦想。中国共产党一经成立，就把实现共产主义作为党的最高理想和最终目标，义无反顾肩负起实现中华民族伟大复兴的历史使命，团结带领人民进行了艰苦卓绝的斗争，谱写了气吞山河的壮丽史诗。"②

1. 实现中华民族的伟大复兴是历代中国共产党人的不懈追求

实现中华民族的伟大复兴，是一代代中国共产党人砥砺前行、永不停歇的奋斗目标。98年来，为实现中华民族伟大复兴，我们党首先推翻了压在中国人民头上的帝国主义、封建主义、官僚资本主义三座大山，实现了民族独立、人民解放、国家统一、社会稳定，让中国人民站了起来；接着建立了符合我国实际的社会主义基本制度，并合乎时代潮流、顺应人民意愿，勇于改革开放，经济社会文化等方面实现大踏步跨越式发展，使中国人民富了起来。经过长期努力，中国特色社会主义进入了新时代，这是我国发展新的历史方位。中国特色社会主义进入新时代，意味着近代以来久经磨难的中华民族迎来了从站起来、富起来到强起来的伟大飞跃，迎来了实现中华民族伟大复兴的光明前景。98年来，我们党的伟大使命始终未变，阶段目标逐步实现。中华民族伟大复兴，绝不是轻轻松松、敲锣打鼓就能实现的，必须一步一个脚印，一步一个台阶，逐步实现这一伟大的历史使命。正如习近平总书记在观看《复兴之路》大型展览后所强调的："在民族复兴的道路上，一代又一代中国人不懈地探索，求解放、求独立、求民主、求科学、求富裕等一个个梦想

---

① 习近平：《决胜全面建成小康社会 夺取新时代中国特色社会主义伟大胜利——在中国共产党第十九次全国代表大会上的报告》，人民出版社2017年版，第45页。

② 习近平：《决胜全面建成小康社会 夺取新时代中国特色社会主义伟大胜利——在中国共产党第十九次全国代表大会上的报告》，人民出版社2017年版，第13页。

在中国共产党领导人民艰苦奋斗中得以实现。"①

2. 实现中华民族伟大复兴的历史使命引领着新时代中国特色社会主义事业不断前进

党的十八大以来所取得的全方位的开创性成就和历史性变革，对党和国家事业发展具有重大而深远的影响，社会主要矛盾的转化，人民对美好生活的向往更加多样。新时代，我们党适时提出"要在继续推动发展的基础上，着力解决好发展不平衡不充分问题，大力提升发展质量和效益，更好满足人民在经济、政治、文化、社会、生态等方面日益增长的需要，更好推动人的全面发展、社会全面进步"②。为什么我们党能随时根据人民的需求调整阶段目标和战略部署？就是因为我们党时刻不忘为中国人民谋幸福的初心、永久牢记为中华民族谋复兴的使命。

3. 牢记中华民伟大复兴的历史使命要不断增强执政本领

进行伟大斗争、建设伟大工程、推进伟大事业、实现伟大梦想，必须毫不动摇坚持和完善党的领导，毫不动摇把党建设得更加坚强有力。中国特色社会主义进入新时代，我们党既要政治过硬，也要本领高强。要增强学习本领、政治领导本领、改革创新本领、科学发展本领、依法执政本领、群众工作本领、狠抓落实本领、驾驭风险本领，把党的创新理论转化为强大物质力量，更加坚定自觉地为实现党的历史使命而奋斗。现在，我们已经比历史上任何时期都更接近、更有信心和能力实现中华民族伟大复兴的目标，已经处于让中国真正强起来的新时代。为实现这一伟大使命和远大目标，习近平总书记在党的十九大报告中提出了一系列强国战略，部署了一系列具体的任务目标，并在2020年全面建成小康社会、全面脱贫的基础上，制定了中远期奋斗目标：到2035年基本实现社会主义现代化，到那时，人民生活更为宽裕，中等收入群体比例明显提高，城乡区域发展差距和居民生活水平差距显著缩小，基本公共服务均等化基本实现，全体人民共同富裕迈出坚实步伐。到21世纪中叶，把我国建成富强民主文明和谐美丽的社会主义现代化强国，到那时，全体人民共同富裕基本实现，我国人民将享有更加幸福安康的生活，

---

① 《初心和使命：激励中国共产党人不断前进的根本动力》，《北京日报》2017年12月4日。

② 《党的十九大报告的亮点和历史性贡献》，《中国纪检监察报》2017年11月15日。

中华民族将以更加昂扬的姿态屹立于世界民族之林。

持续奋斗在98年波澜壮阔的历史进程中，中国共产党紧紧依靠人民，为中华民族作出了伟大历史贡献，实现了中国人民从站起来、富起来到强起来的伟大飞跃。从党的十九大到二十大的5年，正处在实现"两个一百年"奋斗目标的历史交汇期，我们党将带领全国各族人民既要全面建成小康社会、实现第一个百年奋斗目标，又要乘势而上开启全面建设社会主义现代化国家新征程，向第二个百年奋斗目标进军，为实现中华民族伟大复兴的中国梦，为把我国建成富强民主文明和谐美丽的社会主义现代化强国和实现人民对美好生活的向往继续奋斗！

三、加强价值引领，恪守人民利益的标准

以习近平同志为核心的党中央高度重视思想建党，重视解决好价值观问题。习近平总书记在党的十九大报告中指出："要把坚定理想信念作为党的思想建设的首要任务，教育引导全党牢记党的宗旨，挺起共产党人的精神脊梁，解决好世界观、人生观、价值观这个'总开关'问题，自觉做共产主义远大理想和中国特色社会主义共同理想的坚定信仰者和忠实实践者。"[①]只有大力倡导共产党人价值观、铸牢理想信念这个魂，才能真正挺起共产党人的精神脊梁，坚守共产党人的精神追求，把思想建党落到实处。坚持人民主体地位、恪守人民利益标准是坚持人民群众观的价值体现。习近平总书记反复强调，不论过去、现在和将来，我们都要坚持一切为了群众，一切依靠群众，从群众中来，到群众中去，把党的正确主张变为群众自觉行动。坚持以人民为中心的根本立场，必须以群众路线思想为价值引领，贯彻和落实到党治国理政全部活动之中。

坚持人民主体地位是中国共产党根本宗旨的本质体现，是发展中国特色社会主义事业的根本要求，是全面建成小康社会的现实需求，恪守人民利益标准是坚持人民主体地位的价值体现。党的群众路线是党的生命线，是实现

---

① 《习近平关于"不忘初心、牢记使命"论述摘编》，党建读物出版社、中央文献出版社2019年版，第50页。

党的思想路线、政治路线、组织路线的根本工作路线，同时也是全面推进党的思想建设的价值引领。为此，习近平总书记反复强调，不论过去、现在和将来，我们都要坚持一切为了群众，一切依靠群众，从群众中来，到群众中去，把党的正确主张变为群众自觉行动。坚持以人民为中心的根本立场，必须把群众路线贯彻到党治国理政全部活动之中。

（一）恪守"一切为了群众"的价值指向

一切为了群众是全心全意为人民服务宗旨的根本体现，是党一切工作的出发点和归宿。一切为了人民群众，依据时代发展特点而呈现出具体的要求。在近代中国的政治舞台上曾经出现过上百个党派，对近代中国政治发展趋势起到了不同的作用。中国共产党之所以能够最终承担起中国新民主主义革命胜利的历史任务，就其本质而言就是把一切为了人民群众的思想作为革命的出发点和总的归宿。新时期党的目标是求得国家富强和人民幸福，这时的"一切为了群众"，就是一切为了体现人民的主体地位。

1. 要合理界定"人民"内涵

随着全面深化改革的持续深入推进，今天社会的"人民"内涵已经发生了深刻的变革，其内涵随着社会任务的变化而不断地变化和拓展。因此，如何认识新时代中国特色社会主义事业的依靠力量，准确界定人民内涵是必要而又必需的前提条件。一方面要从历史的维度，界定人民的历史内涵，理顺中国共产党人带领中国人民在站起来、富起来、强起来的不同历史时期，基于不同的革命、建设和改革的时代任务和阶段目标对人民内涵的把握。另一方面，要从当前的世情国情党情出发，准备把握人民的时代内涵，坚定党的群众基础，不断扩大党的阶级基础，为中国特色社会主义事业不断注入鲜活动力。

2. 要准确把握个人主体与社会主体的辩证统一

马克思主义认为，个人主体与社会主体是辩证统一的，个人主体价值的实现，必须通过社会主体价值的彰显来实现，而社会主体价值的确认，又是通过个人主体价值具体实现为途径。因此，只有将具体的个人主体实践活动，与作为社会建设社会共同体的社会主体实践活动联系起来，将注重实现个人价值与社会价值辩证统一起来，才能够充分发挥人民主体作用。党的十八大以来，以习近平同志为核心的党中央治国理政思想中不仅强调党和政府的领导作用，同时更加注重人民主体地位的发挥，把党和政府的作用发挥和人民群众自身的奋斗努力紧密结合起来，充分彰显了马克思主义个人主体与社会主体辩证统一的唯物辩证法思想。

3. 要理顺各种主体关系

人的本质在其现实性上是一切社会关系的总和。因此，要理顺各种主体关系，根本在于如何理顺各种社会关系。在人民与国家管理的关系中，要逐步在人民民主政治建设中提升人民作为权力主体的地位；在人民与社会发展的关系中，要理顺社会发展与人民利益维护和保障的主体地位；在人与人的关系发展中，要理顺不同利益群体的需求与满足需求之间的关系。

4. 要不断探索实现人民主体地位的现实途径

人民主体地位是历史的，更是现实的。实践，只有实践才能从真正意义上体现和实现人民主体地位。新时期，改革开放进入深水期，各领域新问题、新情况层出不穷，作为党的领导干部，不仅要找准问题，更要掌好舵，尊重人民、依靠人民，归根结底上来说是为了人民，以人民呼声最为强烈的现实问题为导向，发挥人民主体作用，营造共商共建共享的新型党群关系。

总之，在继续推进改革开放的进程中，要恪守"一切为了群众"不动摇，把"人民利益至上"作为党的工作标准来衡量。

（二）强化"一切依靠群众"的价值遵循

马克思主义认为，人民群众是历史的创造者。人民群众不仅是社会物质财富和精神财富的创造者，更是变革社会制度、推动社会历史发展的决定性力量。在阶级社会，社会历史的发展主要依靠阶级斗争的形式实现，而阶级斗争的发起者、组织者、力量依靠都来自于群众，人民群众的革命运动是阶级更替、政权建设的基础。

1. 一切依靠人民群众是政权建设的基础

一切依靠人民群众，是中国共产党的生命之源、执政之基、胜利之本，是实现中华民族伟大复兴中国梦的根本动力。能否恪守"一切依靠群众"不动摇是检验党员领导干部的执政能力的试金石。社会主义革命和社会主义建设事业，说到底就是人民群众的革命和人民群众的建设事业，没有人民群众的参与，社会主义革命和建设事业就不会取得伟大的胜利。人民群众是改革开放和现代化建设事业的力量之源。改革开放初期，面对社会主义现代化建设的艰巨任务，邓小平同志鼓励全党同志要有信心，这个信心的来源就是相信和依靠群众，他指出："社会主义现代化建设的极其艰巨复杂的任务摆在我们的面前。很多旧问题需要继续解决，新问题更是层出不穷。党只有紧紧地依靠群众，密切地联系群众，随时听取群众的呼声，了解群众的情绪，代表群众的利益，才能形成强大的力量，顺利地完成自己的各项任务。"①新时代，习近平总书记更是把是否重视群众工作、是否善于做群众工作，作为判断领导干部政治上是否合格、工作上是否称职、领导能力强不强的一个基本标准。

2. 全面建成小康社会离不开人民群众

新时期，决战全面建成小康社会更是离不开群众的智力支持和实践推动。党的十八届六中全会要求："各级领导干部必须深入实际、深入基层、深入群众，多到条件艰苦、情况复杂、矛盾突出的地方解决问题，千方百计为群众排忧解难。"②要在实践中尊重和善于开发民智。毛泽东同志在谈到社会调查时曾指出："没有满腔的热忱，没有眼睛向下的决心，没有求知的渴望，没有放下臭架子、甘当小学生的精神，是一定不能做，也一定做不好的。"③习近平总书记更加强调"尊重群众、相信群众、向群众学习"的优良传统和优良作风，并将其形象比喻为"接地气"。习近平总书记指出，"坚持人民主体地位，发挥人民首创精神，着力解决好人民群众最关心最直接最现实的利益问题，不断让人民得到实实在在的利益，充分调动人民群众的积极性、主动性、创造性"④，"要自觉拜师人民、尊重人民、依靠人民"，"要始终坚持问政于民、问计于民、问需于民"，这告诉我们，只有发自内心尊重群众的智慧和创造，才能真正体会群众工作的真谛，赢得群众的理解与支持。

①《邓小平文选》第二卷，人民出版社1994年版，第342页。

②《中国共产党第十八届中央纪律检查委员会第六次全体会议公报》，《人民日报》2016年1月15日，第1版。

③《毛泽东选集》第三卷，人民出版社1991年版，第790页。

④《十七大以来重要文献选编》下，中央文献出版社2013年版，第150页。

（三）贯彻"从群众中来，到群众中去"的价值实践

恪守"从群众中来，到群众中去"[①]不动摇。"从群众中来，到群众中去"，是党的群众工作的基本途径和方式方法，是马克思主义的认识论和方法论的集中体现。

1. 党的自信来源于人民群众

政党自信是一个复杂的系统工程，涉及历史、价值、理论、制度等多个层面。而中国共产党政党自信的根源在于人民群众。中国共产党的根本宗旨就是全心全意为人民服务，这是区别于以往一切非马克思主义政党的首要标志。在中国共产党领导的革命、建设和改革开放的历史进程中，这一根本宗旨始终指引着中国共产党保持着党的先进性和纯洁性，充分彰显了党的价值自信。

以马克思主义为指导思想的中国共产党，理论自信是党保持自信的又一体现。马克思主义把实现无产阶级和全人类的解放作为终极目的，如何认识人、发挥人的主体作用、维护人的主体利益是马克思主义贯穿始终的核心思想。正是在对马克思主义思想有着深刻而清晰认识基础上，中国共产党在实践中不断丰富了马克思主义人学思想，将人置于社会发展的核心地位，任何时候都把人民利益放在首位。无论革命时期、社会主义建设时期还是中国特色社会主义新时期，群众路线都是党的生命线和根本工作路线。毛泽东同志把人民视为真正的铜墙铁壁，邓小平将人民视为现代化建设事业兴衰成败的力量之源，习近平总书记更是将人心所向视为党的事业立于不败之地的根基。正是因为对马克思主义理论的继承和创新发展，使得党在任何时期都能在以人民为中心的创新理论指导下推进社会主义事业健康发展。

执政能力的不断提升，是增强一个政党自信的重要手段。党的执政能力反映和体现的是一个政党运用理论，制定路线方针政策，推动国家治理现代化的水平和能力。对于中国共产党来说，其根本的政治立场就是维护和实现好最广大人民群众的根本利益，因而体现党的根本意志的路线方针政策等能否体现和反映人民群众的根本意志，能否代表最广大人民群众的利益，多大程度上发挥了人民主体作用，是否实现和维护了人民群众不断增长的各种需

---

①《十二大以来重要文献选编》上，人民出版社1986年版，第268页。

求，是判断中国共产党执政能力水平的一个根本性指标。中国共产党98年的历程，从初创时期的53名党员，发展为突破9000万党员的世界第一大党，改变了长期处于世界舞台边缘，而逐步走近世界舞台中心的国际地位，前所未有地接近实现中华民族伟大复兴的目标，充分体现了中国共产党的执政能力和建设成就，进一步增强了中国共产党的执政自信。

2. 巩固党的执政地位必须回到群众中去

中国共产党的执政根基来源于人民群众，也必须回到群众中去，方能巩固党的执政地位。习近平总书记在全国宣传思想工作会议上指出，要领导人民实现对美好生活的向往，"既解决实际问题又解决思想问题，更好强信心、聚民心、暖人心、筑同心"①。如何才能做到总书记说的"四个心"？最为根本的是要把握住两大方面，一方面要从法律法规层面充分保障人民当家作主的权利。首要的是继续深化创新人民代表大会制度，从制度上保障人民当家作主的主体地位。人民代表大会制度是我国的根本政治制度，它从法律意义上明确了人民当家作主的地位。如何支持和保证人民通过人民代表大会制度充分行使国家权力，必须根据时代、实践特色，不断深化和完善人民代表大会制度，扩大人民代表向一线倾斜力度，保证基层群众能够发声，切实做到基层有话说，高层有举措。另一方面，还要强化和完善人民监督机制。群众利益无小事，坚持凡是涉及群众利益的决策都要充分征求群众意见，凡是群众反对声音较多的领域和问题都要坚决制止和纠正。宽领域、多渠道拓展群众参与管理国家、管理社会事务的渠道，充分发挥群众监督作用，维护群众根本利益。

3. 打铁必须自身硬

落实"从群众中来，到群众中去"，首要的是要有强有力的制度保障，强化体制机制等外部因素约束和引领。党的十八大以来，中国共产党制定和实施了一系列强化和引领新时代党员领导干部能力建设的规章制度，尤其是依据新时代中国特色社会主义发展要求，由中共中央办公厅印发了《关于进一步激励广大干部新时代新担当新作为的意见》，对建立激励机制和容错纠错机制，进一步激励广大干部新时代新担当新作为提出明确要求。是新时代充分

---

① 《举旗帜聚民心育新人兴文化展形象 更好完成新形势下宣传思想工作使命任务》，《人民日报》2018年8月23日，第1版。

调动和激发干部队伍的积极性、主动性、创造性，教育引导广大干部为决胜全面建成小康社会、夺取新时代中国特色社会主义伟大胜利、实现中华民族伟大复兴的中国梦不懈奋斗的纲领性意见。落实"从群众中来，到群众中去"，根本的是提高党政干部自身工作作风。"四风"问题的根源在于脱离党的群众路线，形式主义损害群众利益，动摇党的执政地位；官僚主义损坏党的形象，破坏党的执政基础；享乐主义败坏党风政风民风，削弱党的执政能力；奢靡之风腐蚀社会风尚，断送党的执政公信力。因此，要破除"四风"，必须坚持"从群众中来，到群众中去"的群众路线，赋予人民群众更多的知情权、参与权、监督权，强化政务公开、信息公开制度建设，让人民赋予的权力在阳光下充分运行，让人民群众享有充分的利益表达权和话语权。要强化党内民主生活监督功能。从制度上保证党内民主生活的常态化、制度化，建立考评监督反馈常态机制，奠定增强党员作风建设的制度基础。

总之，思想是行为的先导，思想建设是党的建设和其他建设的基础和灵魂。思想建设到位，实践工作就不会走偏。中国共产党98年的实践历程证明：任何时候重视思想建设，并从实践中加以运用，党的事业就不会出现方向性错误，相反，任何时候只要思想上松懈、怠慢，党的事业就会遭受挫折和阻碍。

第六章 强化党的作风建设 树立党的光辉形象

"党的作风是指在党的活动中表现出来的态度和行为，是党的性质、宗旨和世界观在党的活动中的表现。"①党的作风建设既关系到党的发展前景和党的执政根基，也关系到人心向背以及党的形象与生命。中国共产党自诞生以来就一直把作风建设摆在自身建设的重要位置，并在长期领导的革命、建设、改革的实践过程中形成了理论与实践相结合、密切联系群众、批评与自我批评等优良作风。党的十八大以来，以习近平同志为核心的党中央，面对世情、国情、党情的深刻变化，自觉把党的作风建设作为全面从严治党的基础工程和核心内容，要求全体党员特别是党的领导干部必须聚焦作风建设，切实抓好党的思想作风、工作作风和生活作风，不断增强党的创造力、战斗力和凝聚力，从而树立党在人民群众心中的光辉形象。

一、抓好思想作风，树立人民至上理念

思想作风，是指各级党组织和党员在思维方式和思想观念上表现出来的风格和特点，是党的思想路线的直接体现。与其他作风相比，思想作风起着更为根本、基础、核心、统领和支配的作用，因此，加强和改进党的作风建设必须把思想作风建设摆在首要位置。人民群众是党的思想作风的体验者和评判者，人民拥护不拥护、赞成不赞成、答应不答应是衡量党的思想作风优良好坏的重要标准，因此，新时代要抓好党的思想作风建设，全体党员特别是党的领导干部要自觉树立人民至上理念，坚持以人民为中心的发展思想，

① 张荣臣：《持续深入加强党的作风建设》，《中国纪检检察报》2017年3月29日。

主动拜人民为师，虚心向人民学习，努力做到为民用权、为民执政。

（一）树立以人民为中心的发展思想

2015年10月，以习近平同志为核心的党中央首次在党的十八届五中全会通过的《中共中央关于制定国民经济和社会发展第十三个五年规划的建议》中，创造性提出"必须坚持以人民为中心的发展思想，把增进人民福祉、促进人的全面发展作为发展的出发点和落脚点，发展人民民主，维护社会公平正义，保障人民平等参与、平等发展权利，充分调动人民积极性、主动性、创造性。"[①]以人民为中心的发展思想，科学回答了"为谁发展""靠谁发展""发展成果由谁享有"等核心问题，回应了广大人民群众的利益诉求和幸福期盼，彰显了党为人民服务的根本宗旨，因此，新时代树立以人民为中心的发展思想是我们党强基固本、凝心聚力，顺利推进党的建设新的伟大工程的根本遵循，要求全党必须做到以下三点。

一是坚持发展为了人民。为谁发展的问题是社会发展的根本性和原则性问题。中国共产党自诞生以来，始终代表最广大人民的根本利益，自觉把实现好、维护好和发展好最广大人民的根本利益作为党开展一切工作的出发点和落脚点；始终践行全心全意为人民服务的根本宗旨，努力用信仰感召人民，用真情温暖人民，用行动服务人民。为人民谋发展是我们党的初心，也是我们党制定各项发展方针政策的价值遵循。新时代，深入贯彻以人民为中心的发展思想，要求全党必须牢记为人民谋发展的初心，深入了解和关切人民群众的美好生活需要，在发展的基础上多为人民做好事、办实事、解难事，以期在各领域满足人民群众生存发展的需要；"必须坚持人民主体地位，坚持立党为公、执政为民，践行全心全意为人民服务的根本宗旨，把党的群众路线贯彻到治国理政全部活动之中，把人民对美好生活的向往作为奋斗目标"[②]。

二是坚持发展依靠人民。历史唯物主义认为，人民群众是历史的主体，是社会物质财富和精神财富的创造者，是推动社会发展变革的决定力量。中

[①]《中华人民共和国国民经济和社会发展第十三个五年规划纲要》，人民出版社2016年版，第8页。

[②] 习近平：《决胜全面建成小康社会 夺取新时代中国特色社会主义伟大胜利——在中国共产党第十九次全国代表大会上的报告》，人民出版社2017年版，第21页。

国共产党在任何历史时期所取得的成绩都离不开人民群众的支持，只有始终把人民放在心中最高位置，紧紧依靠人民力量，党的队伍才能不断发展壮大，党的事业才能不断取得胜利。革命战争时期，毛泽东同志把千百万真心实意拥护革命的群众形象地比作"铜墙铁壁"[①]，认为"在革命政府的周围团结起千百万群众来，发展我们的革命战争，我们就能消灭一切反革命，我们就能夺取全中国"[②]。改革开放初期，在我们党搞四个现代化因经验不足而面临诸多困难时，邓小平同志告诫党的领导干部"这些问题，归根到底，只有相信群众，依靠群众，充分走群众路线，才能够得到解决"[③]。党的十八大以来，以习近平同志为核心的党中央始终"坚信党的根基在人民、党的力量在人民，坚持一切为了人民、一切依靠人民，充分发挥广大人民群众积极性、主动性、创造性，不断把为人民造福事业推向前进"[④]。新时代，中国共产党要领导全国人民胜利推进"两个一百年"奋斗目标的实现，必须更加坚定地依靠人民群众力量，走人民群众路线，尊重人民主体地位，发挥人民首创精神，最广泛地动员和组织亿万群众投身中国特色社会主义伟大事业。

三是坚持发展成果由人民共享。马克思、恩格斯在《共产党宣言》中指出："无产阶级的运动是绝大多数人的、为绝大多数人谋利益的独立的运动。"[⑤]无产阶级运动的最终目标是要消灭充满剥削和压迫的资本主义社会，最终走向共同发展、共同富裕的共产主义社会。因此，人民群众不仅是社会发展变革的推动者，更是社会物质财富和精神财富的享有者。检验一个执政党是否胸怀人民、能否为民执政，关键看这个执政党能否始终代表最广大人民的根本利益，能否千方百计地领导人民走上共同发展、共同富裕的道路。环顾世界，只有中国共产党始终把人民的根本利益写在自己的旗帜上，自觉维护社会公平正义，努力将社会发展成果惠及全体人民。

新中国成立以来特别是改革开放以来，中国共产党始终坚持以人民为中

---

①《毛泽东选集》第一卷，人民出版社1991年版，第139页。

②《毛泽东选集》第一卷，人民出版社1991年版，第139页。

③《邓小平文选》第二卷，人民出版社1994年版，第230页。

④ 习近平：《在庆祝中国共产党成立95周年大会上的讲话》，人民出版社2016年版，第18页。

⑤《马克思恩格斯选集》第一卷，人民出版社1995年版，第283页。

心的发展理念，自觉把改革发展与改善民生有机结合起来，紧紧依靠人民群众的力量，不仅要把我国建设为一个富强民主文明和谐美丽的现代化强国，而且积极把改革发展的各方面成果惠及至全体人民手上，不断增强人民的获得感、幸福感和安全感。新时代，中国共产党要顺利推进"两个一百年"奋斗目标的实现，一方面要继续坚持以经济建设为中心，自觉把发展作为党执政兴国的第一要务，领导全国人民努力把经济总量这个"蛋糕"做大做好；另一方面要始终坚持和贯彻以人民为中心的发展思想，在不断发展的基础上尽量把促进社会公平正义的事情落实做好，将现有的"蛋糕"公平合理地分配给全体人民。

总之，树立以人民为中心的发展思想，既是我们党落实践行人民至上理念的内在要求，也是我们党"能够长期执政且能够将中国特色社会主义事业持续快速推向前进的'最重要经验'"①。要求党始终把人民放在心中最高位置，牢记发展为了人民、发展依靠人民、发展成果由人民共享，自觉把增进人民福祉、促进人的全面发展作为发展的出发点和落脚点，不断增强人民的获得感、幸福感和安全感。

（二）主动拜人民为师

历史唯物主义认为，人民群众是历史的主体，也是历史创造者，人民群众中蕴含着无穷的智慧和力量。中国共产党的根基在人民、血脉在人民、力量在人民，只有不断从人民群众中汲取智慧和力量，才能永葆党的生机和活力。处于社会实践一线的人民群众，在日常的生产生活中积累了大量的真知灼见，是广大党员干部当之无愧的老师。因此，"与群众为友，拜人民为师，是验证领导干部投身群众路线实践活动的'试金石'"②，也是弘扬党的优良作风以及发挥党始终与人民在一起的政治优势的内在要求。为此，2013年12月26日，习近平总书记在纪念毛泽东同志诞辰120周年座谈会上的讲话中号召全党要主动拜人民为师、向人民学习，并强调："在人民面前，我们永远是小学生，必须自觉拜人民为师，向能者求教，向智者问策；必须充分尊重人民

---

① 郑自立：《"人民至上"的真实含义与内在要求》，《陕西行政学院学报》2017年第1期。
② 蔡建军：《与群众为友，拜人民为师》，《秘书》2013年第10期。

所表达的意愿、所创造的经验、所拥有的权利、所发挥的作用。"①主动拜人民为师，要求广大党员干部坚持以下三点。

一是拿出真心诚意，充分尊重人民群众的经验和智慧。拜师学艺，贵在心诚。党员干部只有真心诚意地拜人民为师，尊重人民的经验和智慧，才能走进人民心中、听到人民心声、获得人民智慧，相反，如果领导干部在群众面前显"官气"、打"官腔"、摆"官谱"，那么人民必然会对他"敬"而远之，最终就达不到拜师的目的。在中国共产党的历史上，历届党的主要领导人都主张要真情实意地拜人民为师。毛泽东同志很早就正确认识到"只有做群众的学生才能做群众的先生"②，并告诫党的领导干部要真心诚意地拜人民为师，如果"没有满腔的热忱，没有眼睛向下的决心，没有求知的渴望，没有放下臭架子、甘当小学生的精神，是一定不能做，也一定做不好的。"③邓小平同志曾坦言："一个党和它的党员，只有认真地总结群众的经验，集中群众的智慧，才能指出正确的方向，领导群众前进。"④江泽民同志要求党的领导干部要牢记公仆意识，要始终置身于群众之中，时刻心系群众，坚定地相信和依靠群众。胡锦涛同志在庆祝中国共产党成立90周年大会上的讲话中强调："每一个共产党员都要把人民放在心中最高位置，尊重人民主体地位，尊重人民首创精神，拜人民为师，把政治智慧的增长、执政本领的增强深深扎根于人民的创造性实践之中。"⑤党的十八大以来，习近平同志多次在重要讲话中提到要拜人民为师，并郑重提醒广大党员干部："在人民面前，我们永远是小学生。"⑥总之，真心诚意拜人民为师是我们党的优良传统，需要我们全党同志不断将其发扬光大。

二是付诸实际行动，深入群众向能者求教向智者取经。对广大党员干部而言，拜人民为师不能只停留在喊口号、贴标语的层面，而要把它付诸实际

---

① 习近平：《在纪念毛泽东同志诞辰120周年座谈会上的讲话》，人民出版社2013年版，第18页。

②《毛泽东选集》第三卷，人民出版社1991年版，第864页。

③《毛泽东选集》第三卷，人民出版社1991年版，第790页。

④ 马京波：《重读邓小平》下卷，人民出版社2004年版，第527页。

⑤《胡锦涛总书记在庆祝中国共产党成立90周年大会上的讲话学习读本》，人民出版社2011年版，第86页。

⑥《习近平谈治国理政》，外文出版社2014年版，第27页

行动。毛泽东在《关于领导方法的若干问题》一文中提出："在我党的一切实际工作中，凡属正确的领导，必须是从群众中来，到群众中去。"①新时代，尽管我国社会发展处于重要战略机遇期，但我们党所面临的国内外环境却变得更加复杂多变，各种新情况新问题层出不穷，要保证我们党所制定的方针政策能够适应世情、国情、党情变化发展的需要，能够满足人民群众对美好生活的向往，就必须把党的群众路线贯穿于党的决策和工作的全过程，虚心问政于民、问需于民、问计于民，做到"决策前认真听取群众意见和呼声，保证决策'从群众中来'；决策中充分发扬民主，集中群众智慧，保证决策体现群众意志和要求；决策后及时'到群众中去'，使决策在群众的实践活动中接受检验并得到完善。"②决策有泥土的厚度，工作才有心灵的温度。面对复杂的国情和艰难的转型，我们党的领导干部要多走访基层，多关心民生疾苦，多与人民群众结为师生关系，多向他们中的能者求教智者取经，唯有此，我们党才能掌握更多反映基层民生实情的第一手材料，并通过对这些材料的认真研究和分析，从中找到破解基层民生难题的有效对策。

三是虚心接受批评建议，以闻过则喜的胸襟倾听逆耳之言。古人云："良药苦口利于病，忠言逆耳利于行。"我们的人民绝大多数是真诚善良的，他们都喜欢有一说一、有二说二，不喜欢拐弯抹角，甚至有些情况下还会对一些领导干部的不良作风行为直接提出尖锐批评。领导干部要拜人民为师，就得听得进人民的建议，容得下人民的批评。毛泽东同志说过"我们的党是为人民服务的，不论谁提出的意见，只要对人民有好处，我们就照办"③，"共产党是不怕批评的"④，"时时批评自己的缺点，好像我们为了清洁，为了去掉灰尘，天天要洗脸，天天要扫地一样"⑤。党的十八大以来，以习近平同志为核心的党中央坚定不移地贯彻落实党的群众路线，大胆使用批评和自我批评这一锐利武器，不仅主动下基层拜人民为师，而且要求"要教育党员干部以

---

① 《毛泽东选集》第三卷，人民出版社1991年版，第899页。

② 蔡建军：《与群众为友，拜人民为师》2013年版，第10期。

③ 席文启：《延安时期毛泽东思想政治教育理论与实践》，陕西人民教育出版社1993年版，第59页。

④ 《毛泽东文集》第七卷，人民出版社1999年版，第274页。

⑤ 《毛泽东选集》第三卷，人民出版社1991年版，第935页。

刀刃向内的自我革命精神，广泛听取意见，认真检视反思，把问题找实、把根源挖深，明确努力方向和改进措施，切实把问题解决好"①，从而使党的事业呈现出前所未有的生机和活力。

总之，主动拜人民为师，是确保我们党长期立于不败之地的重要法宝，也是我们党必须长期坚持和发扬的优良作风。新时代，我们党在领导全国人民实现中华民族伟大复兴的道路上，必定会遇到这样或那样的困难与挑战，但只要坚持问政于民、问需于民、问策于民，"厚植'拜人民为师'的执政底色，当个好学生，做个好听众，把群众所思变成政府所议，把群众所盼变成政府所为，把群众所悟变成政府所获，在伟大的新时代就一定能实现伟大的中国梦"②。

（三）牢固树立正确的权力观

为民用权还是为己用权，是区分真假马克思主义者的根本标志，也是检验我们党是否坚持人民至上理念的重要依据。中国共产党来自人民、植根人民、服务人民，党的一切权力都是由人民赋予的，为民用权是党践行人民主体思想所应遵循的价值准则，也是党能够始终赢得党心民心以及战胜一切困难的宝贵经验。中国共产党自成立以来，无论是在革命战争时期还是在建国执政以后，始终对权力保持敬畏之心，自觉把马克思主义权力观作为党的思想作风建设的重要内容。尤其是党的十八大以来，以习近平同志为核心的党中央高度重视党的作风建设，把"严于用权"作为新时代全面从严治党的基本要求，对党的干部特别是党的高级领导干部"公权私用"行为采取零容忍态度，严肃查处了一大批违规、违法用权的领导干部，使党内政治生态变得一片风朗气清。新时代，党的干部要树立正确的权力观必须注意以下三点。

一是明确权力从何而来为谁而用。"权力观是指人们对待权力问题的基本看法和态度，包括权力的来源、权力的性质、使用权力的基本态度，它是掌

---

①《习近平在"不忘初心、牢记使命"主题教育工作会议上强调 守初心担使命找差距抓落实 确保主题教育取得扎扎实实的成效》，《人民日报》2019年6月1日。

② 谢磊、赵晶：《把"拜人民为师"化于心践于行》，人民网，2018年1月2日。

权者的人生观、价值观的集中体现，是关于国家和社会权力的根本观点。"①有什么样的权力观，就会有什么样的用权行为。对于我们党的领导干部而言，树立正确的权力观首先要明白权力从何而来为谁而用的道理。权为民赋、权为民用是马克思主义权力观的基本要义，也是中国共产党近百年来始终遵循的正确权力观。江泽民同志在中纪委第七次全体会议上提醒广大干部："必须正确认识和对待我们手中的权力……我们的干部必须时刻记住，自己手中掌握的权力是人民赋予的，只能用来为人民谋利益，绝不能用来为个人或小团体捞取好处，绝不能损害人民的利益。"②胡锦涛同志认为解决好权力观问题对于党的干部主观世界的改造至关重要，要求党的干部"必须正确看待和运用手中的权力，始终以党和人民的事业为重，为人民掌好权、用好权，用人民赋予的权力服务于人民、造福于人民，绝不以权谋私"③。2016年7月1日，习近平同志在庆祝中国共产党成立95周年大会上的讲话中再次强调："各级领导干部要牢固树立正确权力观，保持高尚精神追求，敬畏人民、敬畏组织、敬畏法纪，做到公正用权、依法用权、为民用权、廉洁用权，永葆共产党人拒腐蚀、永不沾的政治本色。"④新时代，中国共产党要领导人民实现中华民族伟大复兴的中国梦，就必须始终牢记和遵守权为民赋、权为民用的正确权力观。

二是权力使用不逾越法律红线。回顾98年的艰苦奋斗历程，中国共产党从最初全国50多人的革命小党发展成为今天世界上最大的执政党，靠的是什么？靠的是人民的信任和拥护。人民群众放心把权力交给党，党就应该倍加珍惜手中来之不易的权力，坚持制度管权、依法用权，确保党的权力始终为人民谋利。正如习近平同志所言："权力是一把双刃剑，在法治轨道上行使可以造福人民，在法律之外行使则必然祸害国家和人民。"⑤"法律是治国理政

① 宿凌：《略论中国共产党的马克思主义权力观》，中国中央文献研究室个人课题成果集（2011）。

②《江泽民论加强和改进执政党建设（专题摘编）》，中央文献出版社2004年版，第11页。

③ 江金权：《伟大工程谱新篇——胡锦涛同志抓党建重要活动纪略》，人民出版社2007年版，第38页。

④ 习近平：《在庆祝中国共产党成立95周年大会上的讲话》，人民出版社2016年版，第24页。

⑤《习近平谈治国理政》第二卷，外文出版社2017年版，第128～129页。

最大最重要的规矩，任何人都没有法律之外的绝对权力。"①对于广大党员干部而言，要有清醒的依法用权意识，切不可逾越宪法和法律规定的权责范围行使权力。党的十八大以来，以习近平同志为核心的党中央坚持无禁区、全覆盖、零容忍的高压反腐态势，使一大批违反党纪法规的领导干部先后"落马"。为了防止反腐败过程反弹，党不仅以"开弓没有回头箭，反腐没有休止符"的强大决心坚持将反腐斗争进行到底，而且紧紧扎牢制度的笼子，不断完善党内制度法规，积极构建严密的权力运行制约和监督体系，严厉整治形式主义、官僚主义、享乐主义和奢靡之风，坚决反对特权。正如习近平同志所言：当官别想发财，想发财别当官。这就要求我们的党员干部在行使职权时，要摒弃以权谋私的错误想法，时刻把党的纪律挺在前面，认真学习各种法律法规，坚持按政策法规办事，自觉维护宪法和法律的权威。

三是要有正确的权责担当意识。俗话说："当官不为民作主，不如回家卖红薯。"人民群众放心把权力交给党，一方面是对我们党执政能力的充分信任，另一方面对我们党的领导干部用权为民谋利寄予了希望。因此，"官员与百姓的区别，就在于手中有权、肩上有责。职务就是服务，权力就是责任；权力越大，责任也就越大。"②有多大担当才能干多大事业，尽多大责任才能有多大成就。使命呼唤担当！新时代，要实现中华民族伟大复兴的历史使命，需要我们党总揽全局、领导一切，主动对党和国家各项事业负起全面责任，就需要全国党员领导干部主动担当权责，真正把人民赋予的权力用在为人民谋利的实处。因此，我们全党干部必须要有权责担当意识，不能只想当官不想干事，只想揽权不想担责，只想出彩不想出力。正所谓"在其位，谋其政"。为了推进全面从严治党，解决少数干部懒政怠政为官不为的问题，2016年6月28日，中共中央政治局召开会议专门审议通过了《中国共产党问责条例》（以下简称《条例》）。该《条例》规定的的问责对象是党组织、党的领导干部，重点是党委（党组）、党的工作机关及其领导成员，纪委、纪委派驻（派出）机构及其领导成员，问责情形主要涉及党的领导弱化、党的建设缺失、全面从严治党不力等多个方面的问题。《条例》的出台就是要警示全党干部要有"为官一任，造福一方"的思想觉悟，"要有肝胆，要有担当精神，应该对'为官

---

① 《习近平总书记系列重要讲话读本》，人民出版社2016年版，第116页。

② 白晓清：《正确运用权力造福于人民群众》，《包头日报》2015年11月8日。

不为'感到羞耻，应该予以严肃批评"①。

中国共产党只有牢记权为民赋，才能始终保持党的政治底色，只有坚持为民用权，才能始终得到人民的拥护和支持，否则，就会遭到人民群众的不耻和唾弃。因此，牢固树立正确的权力观是对每一位党员干部思想作风建设的根本要求。

二、抓好工作作风，甘为人民好公仆

中国共产党自成立以来，始终坚持马克思主义的立场、观点和方法，坚持立党为公、执政为民的治国理念，始终把人民群众放在心中最高位置，甘愿做人民的好公仆，自觉把实现人民根本利益作为一切工作的出发点和落脚点，并在长期的革命、建设和改革实践过程中总结提炼出了密切联系群众、同群众商量办事，深入实际、调查研究，办事认真、埋头苦干，处事果断、雷厉风行，一抓到底、善始善终等诸多优良工作作风。这些优良工作作风既是党在过去近百年历史进程中不断取得胜利的重要法宝，也是党在新时代继续领导全国人民进行伟大斗争、建设伟大工程、推进伟大事业、实现伟大梦想的实践要求。新时代，加强党的工作作风建设要求党必须坚持群众路线不动摇，要求党的干部必须扮演好人民公仆的角色，多深入实际为人民群众办实事，求真务实为人民群众做好事，真抓实干为人民群众解难事，唯有此，才能始终确保党的先进性和纯洁性。

（一）深入实际为人民群众办实事

所谓深入实际，就是要求党的领导干部必须深入到人民群众的实际工作和生活环境中来开展党的各项群众工作。98年来，中国共产党无论在革命战争时代还是在和平建设时期，始终坚持理论联系实际、密切联系群众、同群众商量办事、深入实际开展调研等优良工作作风，经常深入实际、深入基层、深入群众为广大人民群众办实事。尤其是党的十八大以来，以习近平同志为

---

① 习近平：《在党的群众路线教育实践活动总结大会上的讲话》，人民出版社2014年版，第23页。

核心的党中央在贯彻落实党的群众路线和加强党的工作作风建设时，坚决反对党员干部那种"拍脑袋"决策或走马观花、隔靴搔痒式"走基层"的不良工作作风，再三要求广大党员干部必须真正俯下身子走访群众、体察民情、体会民意、体验民生，切实解决好人民群众最关心最直接最现实的利益问题。

深入实际为人民办实事要求党员干部常怀爱民之心。古人云："意莫高于爱民，行莫厚于乐民。"对于那些长期工作在城市的领导干部而言，深入实际为人民办实事首先意味着必须离开舒适的城市办公环境，到条件艰苦的基层工作，没有一颗拳拳爱民的赤子之心是不容易办到的。党的历史上就有许多爱民如子、甘愿奉献、扎根基层为人民办实事的好干部。例如，"将军农民"甘祖昌放弃城里当官的机会而选择回乡务农，帮助当地老百姓解决温饱问题，谱写了一曲党民同心的时代赞歌；人民好干部焦裕禄为帮助兰考县人民消除内涝、风沙、盐碱"三害"，摆脱当地贫困落后的面貌，深深扎根条件艰苦的兰考县，铸就了亲民爱民、艰苦奋斗、科学求实、迎难而上、无私奉献的焦裕禄精神；援藏干部孔繁森怀着"青山处处埋忠骨，一腔热血洒高原"①的豪情壮志，主动报名参加援藏工作，最后把热血和忠魂永远埋在了高寒的青藏高原。我们党来自人民、根植人民、服务人民，群众在我们心里的分量有多重，我们在群众心里的分量就有多重。"一个政党、一个政权，其前途命运最终取决于人心向背，不能代表最广大人民根本利益，不能赢得人民群众拥护和支持，迟早都要垮台。"②因此，党员干部要经常想人民之所想、忧人民之所忧、急人民之所急，时刻把群众的冷暖安危挂在心上，多深入实际为人民群众办实事。

深入实际为人民办实事要求党员干部注重实地调研。注重调查研究是我们党一贯坚持的优良工作作风。早在土地革命时期，毛泽东同志就告诫全党同志要重视调查研究，没有调查，就没有发言权，调查就是解决问题。新时代，党员干部要了解人民群众更多实际需要，同样需要深入基层、深入群众，多到矛盾困难集中、群众意见多的地方去开展调研活动，听取群众心声，总结新鲜经验，凝聚多方智慧，制定科学决策，解决实际问题，让人民群众切实感受到来自党和政府的关怀和诚意。民生无小事，枝叶总关情。党员干部

---

① 徐瑶：《时代先锋——永葆共产党员先进性》，人民出版社2005年版，第11页。
②《十七大以来重要文献选编》下，中央文献出版社2013年版，第101页。

深入基层调研要切忌好高骛远，不能眼睛只盯着所谓的"大事"而忽视民生"小事"。过去我们党就有少数领导干部下基层调研，对关乎人民群众切身利益的民生"小事"往往充耳不闻、视而不见，认为这些"小事"上不得台面，也无法提高政绩，相反，对所谓的"工程""项目"之类的"大事"却情有独钟、欣然向往，而这些所谓的"大事"绝大多数并非民意所指，更多体现为极个别领导干部的主观喜好。正所谓贴的是干部脸上的金，丢掉的却是人民群众的心。这些沽名钓誉的"形象工程"、劳民伤财的"政绩工程"，是典型的形式主义工作作风带来的恶果，严重损害党和政府在人民群众心中的形象。因此，党员干部深入实际为人民办实事，不但要重视基层调查研究，更要注意调查研究的内容，多把目光专注到民生"小事"上来，多为人民办实事。

古人云："知屋漏者在宇下，知政失者在草野。"实践证明，党员干部只有深入到人民群众的实际工作和生活中，才能真正了解人民群众真实需要，才能制定出科学而又具有针对性的政策、制度来为人民群众办实事，最终达到暖民心、稳民心、得民心的效果。同样，人民群众也能从党员干部深入实际的工作作风中加深对党的路线方针政策的认识、理解和支持，从而建立起良好的党群关系。

（二）求真务实为人民群众做好事

求真务实是党的思想路线的核心内容和党的重要工作方法，也是党在新时代推进中国特色社会主义伟大事业必须坚持的优良工作作风。其中，"求真"要求党员干部必须以实事求是的态度、认真负责的精神、科学严谨的方法来揭示客观事物的本质和变化规律；"务实"要求党员干部想问题、办事情必须立足客观实际、付诸实际行动以解决现实问题。"求真"和"务实"是紧密相连、互为基础、相互影响的辩证统一体，"求真"是"务实"的前提，"务实"是"求真"的根本途径。坚持求真务实为人民群众做好事，要求广大党员干部在落实党的惠民政策时，要正确认识和把握工作规律，直面人民利益矛盾，敢于较真碰硬，保质保量地完成党的惠民工程。在实际工作中，党员干部要落实求真务实的工作作风须注意以下两点。

一是遵循客观规律办事。求真务实，贵在求"真"。"真"，即符合事物发展的客观规律。求"真"则指主体在实践活动中以实事求是的态度、认真负责的精神、科学严谨的方法来揭示客观事物的本质和规律的过程。"规律就是事物联系和发展过程中所固有的本质的、必然的、稳定的联系。"①任何规律都具有客观必然性，人的一切实践活动都不可违背客观规律。对于广大党员干部而言，以求真务实的工作作风来抓党的惠民工作，既要遵循一般群众的工作规律，也要研究特殊群体的工作规律，切不可"拍脑袋"决策，无章法蛮干，特别是在作出某些重大惠民决策时，一定要充分尊重矛盾的特殊性，具体分析问题的规律性，区分不同情况，采取相应的方式方法，否则，就会事与愿违，甚至会好心办成坏事。2013年11月，习近平总书记在湘西考察时首次提出精准扶贫概念，并强调扶贫工作要坚持实事求是、因地制宜的原则。这里所强调的实事求是和因地制宜，说到底就是要求党员干部在指导和参与基层扶贫工作时，必须结合当地贫困地区的实际情况和扶贫对象的具体特点，研究和遵循基层扶贫脱贫工作的基本规律。

二是注重务实精神办事。求真务实，重在"务实"。坚持务实精神既是全体党员弘扬求真务实工作作风的内在要求，也是党员干部扎实推进党的惠民工作的思想保证。长期以来，中国共产党始终以务实的工作态度为人民群众做好事，为党的发展壮大以及党的事业成功赢得了广泛的群众支持和群众基础。土地革命时期，毛泽东号召全党同志要以务实的态度关心和解决群众的生活困难，不仅要深刻注意群众生活问题并把它提到自己的议事日程上，而且强调对群众的生活问题"应该讨论，应该决定，应该实行，应该检查"②。改革开放以来，党始终坚持以经济建设为中心，大力发展社会生产力，并以务实的工作态度着力解决社会民生问题，从而使社会关系变得越来越和谐，人民生活质量变得越来越高。但值得注意的是，当前我国在"民生领域还有不少短板，脱贫攻坚任务艰巨，城乡区域发展和收入分配差距依然较大，群众在就业、教育、医疗、居住、养老等方面面临不少难题"③，因而要求广大党员干部必须把务实的精神导向立起来，把真抓实干的规矩严起来，切切实实地解决好人民群众在民生领域面临的各方面实际困难。

---

① 《马克思主义基本原理概论》，高等教育出版社2015年版，第39页。

② 《毛泽东选集》第一卷，人民出版社1991年版，第138页。

③ 习近平：《决胜全面建成小康社会 夺取新时代中国特色社会主义伟大胜利——在中国共产党第十九次全国代表大会上的报告》，人民出版社2017年版，第9页。

历史经验表明，无论是过去、现在还是将来，坚持实事求是的思想路线，弘扬求真务实的工作作风，始终是我们党攻坚克难的重要法宝。要求我们广大党员干部在今后的工作实践中，要始终坚定求真务实的工作作风，始终做人民利益的表达者、维护者和实现者，为我们党决胜全面建成小康社会，夺取新时代中国特色社会主义伟大胜利作出新的历史贡献。

（三）真抓实干为人民群众解难事

真抓实干，是我们党一贯坚持的优良工作作风，也是新时代党的作风建设的核心内容。真抓实干为人民群众解难事，要求广大党员干部在面对人民群众困难诉求时，必须以实打实、真对真的工作态度，反复研究困难症结，科学制定问题对策，认真落实解决方案，帮助人民群众走出生活困境。对于广大党员干部而言，真抓实干，贵在真抓，重在实干。抓是干的前提，干是抓的目的，而且，抓，必须是真抓、实抓、紧抓，既抓关键，又抓细节；干，必须是想干、真干、实干，时时想干事，处处找事干。98年来，中国共产党的成功实践和经验表明：我们党取得的任何成就，既不是说出来的，也不是等出来的，而是靠一代又一代共产党人带领人民群众真抓实干出来的。

切记"空谈误国"。毛泽东同志在革命时期就告诫全党："我们应该是老老实实地办事；在世界上要办成几件事，没有老实态度是根本不行的。"[①]进入改革开放新时期后，邓小平同志提醒全党同志："中国搞四个现代化，要老老实实地艰苦创业。"[②]党的十八大以来，习近平同志继续倡导并积极践行真抓实干的工作作风，不断发出"撸起袖子加油干"[③]"发扬钉钉子精神"[④]"幸福都是奋斗出来的"[⑤]等时代强音。党的十八大以来，我们党尽管在解决民生问题方面取得了较大的突破，但对照新时代社会主要矛盾变化的新要求，人民群众在就业、教育、医疗、居住、养老等方面仍面临着诸多难题，需要广大党员干部在当前和今后的工作中继续坚持真抓实干的工作作风，一点一滴、

---

① 《毛泽东选集》第三卷，人民出版社1991年版，第822页。

② 《邓小平选集》第二卷，人民出版社1994年版，第257页。

③ 《习近平主席新年贺词（2014—2018）》，人民出版社2018年版，第9页。

④ 《习近平谈治国理政》第二卷，外文出版社2017年版，第361页。

⑤ 习近平：《在北京大学师生座谈会上的讲话》，人民出版社2018年版，第12页。

扎扎实实地解决好这些民生难题。40多年的改革开放经验告诉我们，中国人民的幸福美好生活，从来都是靠党和人民的勤劳双手干出来的。新时代，广大党员干部应常怀为民谋幸福的责任感和使命感，坚持发扬脚踏实地、埋头苦干的工作作风，力戒空谈、不玩虚招、执着实干，努力干出让党和人民群众放心满意的业绩。

树立正确政绩观。政绩是指党员干部在任职过程中所作出的贡献和成绩，能够全面体现党员干部的道德水平和工作能力。而政绩观则是指党员干部对"什么是政绩""怎样创造政绩"及"怎样评估政绩"等基本问题的总体看法和认识。政绩观对党员干部的政治行为具有重要的指导意义，其中，正确的政绩观能够引导党员干部作出有利于人民的政治业绩，反之，错误的政绩观则会把党员干部的政治行为引入歧途。从目前总体情况来看，我们绝大多数党员干部都能坚持正确的政绩观，自觉把解决人民群众的实际困难作为考量自身政绩的重要标准，但仍有少数党员干部对政绩观存在认识上的偏差甚至极度扭曲，这导致他们在工作中通常患有"政绩急躁症"，其"症状"集中表现为：只注重表面的虚假"政绩"，而忽视对民生难题的关注和解决，从而陷入对容易看得见的所谓政绩"大事"乐此不疲，对默默无闻的民生"小事"熟视无睹的怪圈。"政绩急躁症"带来的后果是容易产生一些沽名钓誉的"形象工程"和劳民伤财的"政绩工程"，严重损害党在人民心中的美好形象。要根除一些党员干部的"政绩急躁症"，就要求他们必须坚持真抓实干的工作作风，做到勇于担当、不图虚名、不务虚功，把全部工作的着力点放在解决群众生产生活的难事上。

力戒不良作风。2017年10月新修订的党章明确规定，反对形式主义、官僚主义、享乐主义和奢靡之风。"四风"问题严重违背了党的性质和宗旨，是当前人民群众深恶痛绝的问题，也是损害党群、干群关系的重要根源。党的十八大以来，以习近平同志为核心的党中央高度重视"四风"问题的危害，把整治党员干部的"四风"问题作为党的作风建设的重要内容。习近平总书记在党的十九大报告中强调，要"坚持以上率下，巩固拓展落实中央八项规定精神成果，继续整治'四风'问题，坚决反对特权思想和特权现象"①。通

---

① 习近平：《决胜全面建成小康社会 夺取新时代中国特色社会主义伟大胜利——在中国共产党第十九次全国代表大会上的报告》，人民出版社2017年版，第66页。

过制定和落实中央八项规定、开展党的群众路线教育实践活动、依法严惩贪污腐败等措施，教育党员干部时刻警惕"四风"的侵蚀，牢记为民宗旨，恪守为民职责，密切党群关系，传承务实作风，在实干真干苦干中取信于民，提高党的公信力、凝聚力和战斗力，巩固党的执政根基。

今天，在决胜全面建成小康社会，夺取新时代中国特色社会主义伟大胜利的新征程中，中国共产党人必须继续弘扬和践行真抓实干的优良工作作风。

三、抓好生活作风，以党风引领民风

生活作风是一个人道德水准和精神境界的反映，是衡量一个人品质高低、灵魂丑美的一面镜子。"领导干部的生活作风和生活情趣，不仅关系着本人的品行和形象，更关系到党在群众中的威信和形象，对社会风气的形成、对大众生活情趣的培养，具有'上行下效'的示范功能。"①中国共产党作为中国工人阶级、中国人民和中华民族的先锋队，承担着为人民谋幸福、为民族谋复兴的重大历史使命，要求全体党员特别是党的领导干部必须始终保持灵魂高洁、品德高尚的生活作风，从而不断引领社会美好生活风尚。当前，我们绝大多数党员干部的生活作风都是积极、健康的，但也有极少数党员干部在生活作风方面存在这样或那样的问题，在一定程度上破坏了党在人民心中的美好形象，因而要求他们必须通过严以修身、严于自律、严于治家等途径，从根本上改变自身以往的不良生活作风。

（一）严以修身引领社会崇德向善之风尚

修身，即修养身心，是指主体陶冶身心、涵养德性、修持身性的一种行为。中国儒家传统文化历来重视个人道德修养，把"修身"置于"齐家""治国""平天下"之首。《礼记·大学》提出："古之欲明明德于天下者，先治其国；欲治其国者，先齐其家；欲齐其家者，先修其身。"②可见，修身乃成人

---

① 习近平：《之江新语》，浙江人民出版社2007年版，第261页。
② 殷学仁：《中华传统美德警句名言》第三版，中共中央党校出版社2014年版，第141页。

之本，成事之基。在全面从严治党的今天，严以修身对党员干部永葆政治本色、提升道德境界具有重要现实意义。严以修身，不是简单地修"筋骨皮"，而是修德修心修行，即内修于心，外修于行。习近平同志强调："严以修身，就是要加强党性修养，坚定理想信念，提升道德境界，追求高尚情操，自觉远离低级趣味，自觉抵制歪风邪气。"①因此，要求我们党员干部应时刻注重自身的德性和党性修养，始终把思想修养、道德修养、行为修养作为自身日常修养的重要内容。

加强思想修养，坚定理想信念。思想是行为的先导，先进的思想对人的行为具有正确引导作用，反之，落后的思想则会把人的行为引向歧途。理想信念既是共产党人的精神追求和政治灵魂，也是我们党经受住任何考验的精神支柱。因此，对于广大党员干部而言，加强思想修养关键是要树立崇高的理想信念，不断增强对马克思主义、共产主义的信仰，对社会主义的信念，提高政治敏锐性、政治鉴别力和政治定力。党的十八大以来，习近平总书记反复强调理想信念的重要性，并形象地把理想信念比作共产党人的精神之"钙"，认为"没有理想信念，理想信念不坚定，精神上就会得"软骨病"，就会在风雨面前东摇西摆"②。党员干部坚定理想信念，一要树立共产主义崇高理想，把对共产主义的追求融入自身的工作实践之中；二要学懂弄通马克思主义基本原理，坚持用马克思主义的立场、观点和方法来指导自身的工作；三要严格遵守党的政治纪律和政治规矩，增强自身的正义感、是非观和原则性，做政治上的"明白人"。新时代，要实现伟大梦想、迎接伟大斗争，需要我们广大党员干部在日常生活和工作实践中，做到政治头脑始终清醒、理想信念始终坚定，当好改革开放的领路人和人民群众的贴心人，脚踏实地为实现"两个一百年"奋斗目标而努力工作。

注重道德修养，提升道德境界。古人云："国无德不兴，人无德不立。"③严以修身，修的是"德"，没有个人道德境界的提升，修身便毫无意义。长期以来，我们党始终把"德才兼备、以德为先"作为选人用人的根本标准和好

---

① 《习近平谈治国理政》，外文出版社2014年版，第381页。

② 习近平：《在纪念陈云同志诞辰110周年座谈会上的讲话》，人民出版社2015年版，第6页。

③ 《习近平谈治国理政》，外文出版社2014年版，第168页。

干部考核的基本要求。为政之要在于修德，党员干部的良好道德素质既关乎党的形象和威严，也关乎人心向背和党自身的发展。2014年5月，习近平总书记在河南考察时对党员干部特别强调："面对纷繁复杂的社会现实，党员干部特别是领导干部务必把加强道德修养作为十分重要的人生必修课，以严格标准加强自律、接受他律，努力以道德的力量去赢得人心、赢得事业成就。"①对于广大党员干部而言，不仅要在思想上高度重视个人道德修养，而且要把个人道德修养融入个人实际生活和工作之中。在工作中，做到公私分明、爱岗敬业，清清白白为官；在生活中，做到遵纪守法、尊老爱幼、夫妻和睦，堂堂正正做人。总之，无论生活中还是工作中，党员干部都要不断加强理论学习和道德实践，提高道德认识，陶冶道德情操，提升道德境界，做社会主义道德的践行者和引领者，同时，还要以自身高尚的道德情操积极影响和感染身边的群众和亲朋好友，从而为党赢得广泛的民心，塑造良好的形象。

注重行为修养，做到率先垂范。严以修身，不仅强调修德，更注重修行，力求做到知行合一，在实践中见真章、显实效。新时代，党员干部严以修身，既要有笃学之功，又要有务实之果，把提升思想认识和解决实际问题结合起来，在其位、谋其政、尽其责，为官一任、造福一方；要常思"为民服务"之责，牢固树立"责任重于泰山"的思想，自觉把对党、对国家、对人民、对社会、对家庭、对工作的责任扛在肩上，付出实际行动；要知责、守责、尽责，无论在什么岗位，做什么工作，都必须忠于职守、敬业奉献、奋发有为，做到守土有责、守土负责、守土尽责；要勇于担当、敢于亮剑，面对矛盾敢于迎难而上，面对危机敢于挺身而出，面对失误敢于承担责任，面对歪风邪气敢于坚决斗争；要到群众中去，倾听群众心声，解决群众困难，真正地为人民群众办实事、办好事，不断赢得群众的信任和支持。总之，严以修身不能只喊口号、只贴标语，而是要真正落实到党员干部的日常生活和工作实践之中，要求他们必须把社会道德要求与工作实践有机结合起来，在实践中锤炼品性、提升素质，做到以知促行、以行促知，实现知行合一。

---

① 洪向华：《领导干部新文风》，人民出版社2017年版，第141页。

（二）严于自律引领社会洁身自好之风尚

孔子曰："其身正，不令而行；其身不正，虽令不从。"①中国传统文化历来把自律看作做人、做事、做官的基础和根本。党员干部要树立威信、发挥效用，就要严格自律、模范带头，要求别人做到的事情自己先要做到，要求别人不能做的事情自己坚决不做，不断强化自我修炼、自我约束、自我塑造，在廉洁自律上作出表率，为引领社会洁身自好之风尚时刻做到自重、自省、自警。

严于自律需自重。孔子曰："君子有三畏：畏天命，畏大人，畏圣人之言。"②常怀敬畏之心和谨言慎行是古代君子自律自重的重要表现。党员干部是社会主义现代化建设的组织者和领导者，是全心全意为人民服务的公仆，首先，应时刻敬畏人民、敬畏规矩、敬畏人言。人民是历史的创造者，是历史的主人，更是党员干部的衣食父母，党员干部只有相信人民，依靠人民，敬畏人民，党的事业才能不断取得进步；无规矩，不成方圆，党员干部只有敬畏规矩，才能少犯错误甚至不犯错误，进而为人民群众作出好的表率；良药苦口利于病，忠言逆耳利于行，党员干部是为人民服务的公仆，要善于听取人民的心声，敢于直面人民的批评和建议，唯有此，才能真正代表人民的利益，真心为人民办好事。其次，要手握戒尺，抵制诱惑，有所禁戒。在现实生活和工作中，党员干部也应手握戒尺，心中随时要有一把道德的尺子，坚决抵御各种权利、金钱、美色等诱惑，保持政治定力，做到自爱自重。最后，要慎独慎微。"慎独慎微"是党员干部严于自律、保持自重的重要方式和内在要求。其中，"慎独"，要求党员干部在无人知道或无人监督的情况下也能坚持自己的原则和底线，坚决不做昧心之事。"慎微"，要求党员干部在处理各种小事和细节方面也能严格要求自己，做到防微杜渐，防患于未然。总之，党员干部只有自律自重才能得到人民的尊重和拥护，才能引领社会洁身自好之风尚。

严于自律需自省。孔子曰："吾日三省吾身。"自省是中国儒家传统文化对君子修德的基本要求，主要包括自我评价、自我反省、自我批评、自我调控和自我教育等途径。对于广大党员干部而言，要做到严于自律，就必须时

---

① 《论语·子路》，中华书局2012年版，第188页。
② 《论语·季氏》，中华书局2012年版，第246页。

常对照党和人民的要求，勤于自省，日省其身，有则改之，无则加勉。勤于自省是主体道德和行为自我完善、自我提升的重要途径，要求党员干部在日常生活和工作中提高自我反省意识、培养自我反省能力，从而及时发现并改正自身存在的问题，认真反思并改善与同事、领导之间的人际关系，不断完善工作方案，提升工作效率。当与同事、上级发生矛盾、分歧时，不是一味地埋怨抱屈、怨天尤人，而是首先从自身方面寻找原因，最终拿出解决矛盾问题的最佳方案；当群众对自身工作不满提出批评建议时，要深刻反思自身的工作作风和方法，找到群众不满的根本原因，及时拿出令群众满意的工作方案；当长时间不能得到升迁时，要反省自己在能力水平、业务水平、人际关系等方面可能存在的不足，力争在完善自身各方面能力素质后得到合理提拔的机会。总之，做一名合格而优秀的党员干部要严于自律，善于自我评价、自我反思、自我批评、自我调控和自我教育，不断对照党和人民的道德要求和工作标准，完善和升华自我道德素质和精神境界。

严于自律需自警。党员干部要严于自律，则必须严格遵守党纪国法，以党纪国法时刻警示自己，严格要求自己，做到为官清廉。2015年2月2日，习近平同志在省部级主要领导干部学习贯彻十八届四中全会精神全面推进依法治国专题研讨班开班式上发表的重要讲话中强调，"领导干部要做尊法学法守法用法的模范"[1]，"领导干部要做尊法的模范，带头尊崇法治、敬畏法律；做学法的模范，带头了解法律、掌握法律；做守法的模范，带头遵纪守法、捍卫法治；做用法的模范，带头厉行法治、依法办事"[2]，"党纪国法不能成为'橡皮泥''稻草人'，违纪违法都要受到追究"[3]。这实际上是要求领导干部要常怀纪律之心，做尊法学法守法用法的模范，树立社会主义法治信仰，积极学习宪法和其他法律法规，牢记法律红线不可逾越、法律底线不可触碰，坚定法定职责必须为、法无授权不可为。总之，自警，是严于自律的手段而不是目的，自警的最终目的是要让党员干部学会清白做人、干净做事、坦荡为官，管好自己的同时管好身边人，做人民满意、政府放心的好干部。

---

①《习近平谈治国理政》第二卷，外文出版社2017年版，第126页。

②《习近平谈治国理政》第二卷，外文出版社2017年版，第127页。

③《领导干部要做尊法学法守法用法的模范 带动全党全国共同全面推进依法治国》，《人民日报》2015年2月3日。

（三）严于治家引领社会家庭和谐之风尚

古人云："修身、齐家、治国、平天下。"古人将齐家放在治国、平天下之前，可见齐家之重要。齐家都做不到，遑论治国平天下？严于治家是中国共产党的优良传统，也是党对每一位干部在生活作风上的政治要求。党的十八大以来，习近平同志多次强调严于治家对于党的作风建设的重要性，并教育广大党员干部"不论时代发生多大变化，不论生活格局发生多大变化，我们都要重视家庭建设，注重家庭、注重家教、注重家风……使千千万万个家庭成为国家发展、民族进步、社会和谐的重要基点"[①]。

美好的家庭是每个人最温暖的心灵港湾，会给每个奋斗拼搏的人带来源源不绝的正能量。"家国一体"是中华民族的历史传统和文化根基，家是最小国，国是千万家，千家万户好，国家才会强，民族才会兴，社会才会稳。

要严于治家。美好的家庭不是天上掉下来的，而是靠每一个家庭成员的共同努力打造出来的。"工作忙、工作苦、工作累是当下党员干部常态，但作为普通家庭一员，再忙再苦再累也要尽到自己的职责，如对长辈的赡养照顾、对配偶的分担体谅、对子女的关心引导等都要做到位。"[②]党员干部作为人民群众的榜样和带头人，其家庭形象也会格外受到人民群众的关注和效仿，因此，我们党员干部不仅要在工作中发挥先锋模范作用，而且还要在经营家庭方面也为普通老百姓作出好的榜样，唯有此，才能得到老百姓的真心拥戴，才能引领好社会风尚。

要涵养家教。从党的十八大以来的反腐经验来看，许多腐败官员"落马"都与他们的亲属有密切关系。"领导干部的家人是领导干部个人生活中最主要的情感内容之一，也是领导干部最脆弱的权力防线，极容易导致领导干部走向腐败的温床。"[③]无法管，管不住，管不好自己的家人，是点燃领导干部腐败最重要最有效的导火线之一。为此，习近平总书记在十八届中央纪委六次全会上要求每一位领导干部必须重视家风建设，"在管好自己的同时，严格要

---

① 习近平：《在2015年春节团拜会上的讲话》，《人民日报》2015年2月18日。

② 王江松：《党员干部应成为家庭建设的表率》，人民论坛网，2016年12月19日。

③《领导干部要从严管好自己和身边人》，中国共产党反腐倡廉建设网，2016年10月28日。

求配偶、子女和身边工作人员"①。而党员干部要管好自己的家人则必须涵养好家教，要经常教育自己家属、子女不搞特殊化，不打着自己的旗号收受好处，乱说话，乱办事。

培育好家风。家风，也即门风，是指一个家庭或家族世代相传的风尚、生活作风。"家风是一个家庭的精神内核，也是一个社会的价值缩影。良好家风和家庭美德正是社会主义核心价值观在现实生活中的直观体现。"②"千千万万个家庭的家风好，子女教育得好，社会风气好才有基础。"③因此，党的十八大以来，习近平同志反复强调党员干部家风建设的重要性，强调"领导干部的家风，不是个人小事、家庭私事，而是领导干部作风的重要表现"④，要求每一位领导干部都要把家风建设摆在重要位置，坚持廉洁修身、廉洁齐家，从而为社会树立良好的家风榜样。

风成于上，俗形于下。党员干部是党和人民事业的骨干，也是家庭和家族的表率，党员干部的家庭形象和家教家风对人民群众具有深远的示范意义。因此，要引领社会良好家庭风尚，就要求广大党员干部秉持爱国传家、敬业兴家、诚信立家、孝善安家、勤俭持家、廉洁守家等理念，做到严于律己更不忘从严治家，积极经营好家庭、涵养好家教、培育好家风，从而为社会树立积极健康的榜样。

---

① 习近平：《在第十八届中央纪律检查委员会第六次全体会议上的讲话》，《人民日报》2016年5月3日。
②《"两学一做"学习教育手册》，人民出版社2016年版，第120页。
③《习近平同全国妇联新一届领导班子集体谈话》，《人民日报》2013年11月1日。
④《永远在路上：全面从严治党关键词》，人民出版社2017年版，第353页。

第七章　强化党的纪律建设
厚植党的执政基础

党的十九大报告提出："全面推进党的政治建设、思想建设、组织建设、作风建设、纪律建设，把制度建设贯穿其中，深入推进反腐败斗争。"①这是首次将加强"纪律建设"与政治建设、思想建设、组织建设、作风建设并列纳入党的建设中。这是党的十八大以来，党中央坚持把纪律挺在前面，落实全面从严治党的新要求。党的纪律就是党的生命，严明的纪律是我们党取信于民、赢得民心，不断从胜利走向胜利的可靠保证。严明的纪律离不开严明的监督，只有严格监督权力，保证党员干部时刻绷紧纪律这根弦，用好权执好政，才能厚植党执政的群众基础。

一、严肃党规党纪，真正取信于民

习近平总书记强调："民心是最大的政治。"②只有始终坚持以民心为贵、以民生为重，始终重视民心、尊重民意、顺应民愿，努力为最广大人民群众谋福祉，才能得到人民群众的认同，赢得人民群众的拥护，才能巩固党的执政地位、完成党的执政使命。但打铁必须自身硬，要真正取信于民，关键要把党规党纪挺在前面，加强党规党纪建设，做政治上的明白人、思想上的坚定人、行为上的老实人，才能赢得民心，真正取信于民。

---

① 习近平：《决胜全面建成小康社会 夺取新时代中国特色社会主义伟大胜利——在中国共产党第十九次全国代表大会上的报告》，《人民日报》2017年10月28日。

② 习近平：《在第十八届中央纪律检查委员会第六次全体会议上的讲话》，《人民日报》2016年5月3日。

（一）完善党规党纪，以最严格的制度取信于民

制度建设具有根本性、全局性、稳定性和长期性，完善党规党纪制度建设，将各项纪律和规矩挺在前面，以铁一般的纪律和规矩做到公权姓公，这是取信于民的关键。党规，有广义和狭义之分，狭义的党规即党内法规制度。广义上的党规即党的规矩，具体包括以党章为统领的总规矩、以党的纪律为刚性约束的总要求、以国家法律为基础的总遵循以及党在长期实践中形成的优良传统和工作惯例。党纪即党的纪律，是指政党按照一定的原则，根据党的性质、纲领、任务和实现党的路线方针政策的需要而确立的各种党规、党法的总称，是党的组织和全体党员必须共同遵守的党内行为规范。党规党纪共同成为管党治党强党的制度保障。

历史和现实都证明，党规党纪系统化、制度化，是中国共产党的一大政治优势。习近平总书记指出："党要管党、从严治党，靠什么管、靠什么治？就要靠严明党规党纪。"[1]在革命战争年代，我们党就是靠严明的党规党纪，维护党的集中统一，保持党的凝聚力、战斗力。老一辈无产阶级革命家在长期革命斗争中，把"严守党的纪律，保守党的秘密"渗透到了骨髓里。党取得执政地位后，党规党纪成为管党治党的重器。经过长期实践探索，我们党逐步形成了完整的党内法规体系，包括党章、准则、条例、规定、办法、规则、细则7种类型。党规党纪明确了党的性质宗旨、纲领目标、组织保障、行为规范、纪律约束，是我们党永葆先进性、纯洁性的根本保证。

但是，世情、国情、党情和社情的日新月异，党面临的执政形势和执政环境越来越复杂。如果从全面依法治国、全面从严治党，推进国家治理体系和治理能力现代化来看，党规党纪仍存有极大修改完善的空间，有的党规党纪过于原则化，缺乏细节支撑，操作性不强。中国共产党作为领导全国人民实现中华民族伟大复兴中国梦的先锋队和主心骨，"打铁必须自身硬"，要不断加强自身队伍建设，更加严格地要求自己，要有严明的纪律。党规党纪作为约束管理党员干部思想行为和关闭公权力的笼子，缝隙必须要细密，否则就是"牛栏关猫"，如果不能在制度上加以改进完善，就无法确保党规党纪的

---

[1]《习近平关于严明党的纪律和规矩论述摘编》，中央文献出版社、中国方正出版社2016年版，第5页。

严肃性和权威性，管党治党缺少铁的纪律，部分党员可能就会疏于自律，进而破坏党风政风，由此必然导致干群疏离，削弱人民群众对我们党的信任。

新时代新形势，党员干部如何赢得群众的信任呢？习近平总书记强调，"党员领导干部要把深入改进作风与加强党性修养结合起来，必须做到自觉'讲诚信、懂规矩、守纪律'。"①群众的信任是党的事业蓬勃发展的力量源泉。俗话说，得民心者得天下。革命战争年代，无数共产党员，为解救人民的苦难，赴汤蹈火，流血牺牲，以自己的模范行动，与人民群众建立了血肉之情，赢得了人民群众的信任。现阶段，在世情、国情、党情发生深刻变化的形势下，精神懈怠的危险、能力不足的危险、脱离群众的危险、消极腐败的危险，更加尖锐地摆在全党面前，"四种危险"对各级党组织和党员干部敲响了警钟。因此，新时代新形势，党要赢得民心，关键要提高党科学执政、民主执政和依法执政的水平，完善党的领导体制和执政方式。而实现这一目标最重要的措施就是健全完善党规党纪。2015年，习近平总书记在省部级主要领导干部学习贯彻党的十八届四中全会精神全面推进依法治国专题研讨班上强调，除了要求领导干部提高尊法学法守法用法的自觉性和主动性外，还要靠制度保证。

实际上，自党的十八大以来，党中央针对管党治党、执行纪律失之过宽、失之过松、失之过软的问题，不断强化党规党纪制度化建设。如针对作风问题，出台"八项规定""六项禁令""反对四风""九不准内容"，以此重塑党的光辉形象，密切党同人民群众的血肉联系；针对干部选拔任用，出台《关于防止干部"带病提拔"的意见》；针对党员干部主体责任不力问题，出台《中国共产党问责条例》；针对党内政治生活，出台《关于新形势下党内政治生活的若干准则》；针对全面从严治党的新要求，修订《中国共产党廉洁自律准则》和《中国共产党纪律处分条例》；等等。据不完全统计，党的十八大以来，党中央出台或修订的党内法规至少55部，包括党章1部、准则1部、条例9部、规则6部、规定21部、办法9部、细则8部，超过现行150多部中央党内法规的1/3。此外，还出台了"党内立法法"和备案程序，编制党内法规制定工作5年规划，并对党内法规和规范性文件进行集中清理——这些均为党史上的第一次。可以说，目前，由党章统领的党内法规制度体系框架已初步形成。新时代，广大

①《中国共产党第十八届中央纪律检查委员会第五次全体会议公报》，新华网，2015年1月14日。

党员干部和群众感受到了扑面而来的清正之风，党风政风带动民风社风之变，让许多人如释重负，纷纷点赞。

（二）严格执行党规党纪，以实际行动取信于民

纪律的效用取决于纪律的执行力，有纪律就要去执行。抓好纪律的执行，既是纪律建设的基本要求，也是检验纪律建设成效的重要标准，更是提升党员干部形象以其感召力取信于民的客观需要。严格执行党规党纪是共产党人的应然要求和我们党一贯坚持的重要原则。早在1859年5月18日，马克思在《致恩格斯》的信中就鲜明而尖锐地指出："我们现在必须绝对保持党的纪律，否则将一事无成。"[①]列宁最早提出"党的纪律是铁的纪律"[②]，斯大林把党的纪律上升到建设社会主义的基本条件。革命战争时期，毛泽东同志明确把"思想的统一性，纪律的严格性"[③]作为党实现对全国人民领导的基本条件。

党的十八大以来，习近平总书记多次强调，要加强纪律的执行，提高制度执行力，让制度和纪律成为带电的"高压线"。执行力是党规党纪的"生命线"。如果不去严格执行，纪律成了"纸老虎""稻草人"，就会造成"破窗效应"，使党沦为各取所需、各行其是的"私人俱乐部"；就会造成党一盘散沙、一片混乱，最终分崩离析。只有无条件遵守党的纪律，说到做到，有纪必执，有违必查，才能永葆党的先进性和纯洁性。2014年5月，习近平总书记在河南兰考视察时强调："现有制度都没执行好，再搞新的制度，可以预言也会是白搭。所以，我说一分部署还要九分落实。制定制度很重要，更重要的是抓落实，九分气力要花在这上面。"[④]只有严格执行党规党纪，党章党规党纪的权威性、严肃性才能树立起来，人民才能真的信服。

新时代条件下，严格执行党规党纪，首先，坚持纪严于法、纪在法前。党的十八大以来，我党坚持问题导向，创新党内法规制度，把各项纪律和规矩挺在前面，制度的笼子越扎越牢。切断了伸向人民的黑手，维护了群众的

---

①《马克思恩格斯全集》第二十九卷，人民出版社1972年版，第413页。

②《列宁全集》第三十九卷，人民出版社1990年版，第24页。

③《毛泽东选集》第一卷，人民出版社1991年版，第263页。

④《习近平关于严明党的纪律和规矩论述摘编》，中央文献出版社、中国方正出版社2016年版，第81页。

权益。比如，修订后的《中国共产党纪律处分条例》增加规定："党组织在纪律审查中发现党员严重违纪涉嫌违法犯罪的，原则上先作出党纪处分决定，并按照规定给予政务处分后，再移送有关国家机关依法处理。"这样，进一步加强了纪法贯通和纪法衔接。真正把监督挺在前面，把纪律挺在前面，使我们的纪律审查工作能够更好地落实惩前毖后、治病救人的方针和要求。其次，严格落实党规党纪。习近平总书记指出："党规党纪是对党章的延伸和具体化，学好了党规党纪，就能弄清楚自己该做什么、不该做什么，能做什么、不能做什么。"①党的十八大以来，党中央号召全党开展以为民务实清廉为主要内容的党的群众路线教育实践活动，通过活动，广大党员、干部精神上补了"钙"，进一步增进了党员干部同人民群众的感情、拉近了同群众的距离，进一步掌握了贯彻群众路线的工作方法，看到了在联系服务群众中的差距，增强了做好群众工作的本领。同时，强化了宗旨意识，广大人民群众感到领导见得勤了，办事不卡壳了，政策能落地了，能掏心窝子的党员、干部多了。在中华人民共和国成立70周年，也是我们党在全国执政第70个年头之际，2019年5月31日，习近平总书记在"不忘初心、牢记使命"主题教育工作会议上发表重要讲话，对全党开展"不忘初心、牢记使命"主题教育作出动员部署。理论学习有收获、思想政治受洗礼、干事创业敢担当、为民服务解难题、清正廉洁作表率作为这次主题教育的具体目标，目的是要求党员干部在政治上理想信念坚定、对党和人民忠诚，在作风上清正廉洁、干干净净，在工作上勇挑重担、积极进取，团结带领全国各族人民为实现伟大梦想共同奋斗。系统活动的开展充分体现了我们党坚持问题导向，善于自我革命，以刮骨疗伤的勇气、坚忍不拔的韧劲坚决予以整治，同一切影响党的先进性、弱化党的纯洁性的问题作坚决斗争，始终与人民心心相印、与人民同甘共苦、与人民团结奋斗。再次，严格党规党纪，关键要落实执纪监督。早在1927年，面对白色恐怖，党中央就决定成立中央监委，开启了党内监督的组织创新，举起了监督执纪的大旗。改革开放以来，执纪监督不断发展，党风廉政建设取得重要成绩。党的十八届三中全会提出，落实党风廉政建设责任制，党委负主体责任，纪委负监督责任。实现两个责任主体良性互动，共同发力，确保党规党

---

① 习近平：《在全国党校工作会议上的讲话》，《求是》2015年第9期。

纪始终挺在前面。

（三）净化党内政治生态，以政德政风取信于民

2013年1月，在党的十八届中央纪委二次全会上，习近平总书记首次提出"政治生态"的概念。在之后的多个场合，他始终强调，"做好各方面工作，必须有一个良好政治生态"①；政治生态是检验我们管党治党是否有力的重要标尺，"自然生态要山清水秀，政治生态也要山清水秀"②。政治生态是指各类政治主体生存发展的环境和状态，是政治制度、政治文化、政治生活等要素相互作用的结果，是党风、政风、社会风气的综合反映，影响着党员干部的价值取向和为政行为。政治生态，事关党和国家事业长远发展，事关人民群众根本利益。政治生态好，人心就顺、正气就足；政治生态污浊，从政环境就恶劣，就会人心涣散、弊病丛生。所谓"蓬生麻中，不扶而直；白沙在涅，与之俱黑"，与自然生态一样，稍不注意，政治生态就很容易受到污染，一旦出现问题，再想恢复就要付出很大代价。

净化党内政治生态，是保持党的先进性和纯洁性、增强党的创造力凝聚力战斗力的必然要求。党的先进性纯洁性和创造力凝聚力源自何处？就源自科学的理论指导、共同的理想信念、严密的组织体系和铁的纪律。由此，只有严肃党内政治生活，推动党的组织生活制度化、经常化、规范化，严格执行民主集中制，形成心齐气顺的政治氛围，积极开展批评和自我批评，用好这个锐利武器，才能时刻保持党的先进性和纯洁性。金杯银杯不如群众口碑，政治生态只有做到风清气正，意味着人民的利益就能得到切实的维护，党同人民群众的血肉联系才能得以加强。

净化政治生态要严抓政德政风。2018年全国两会期间，习近平总书记在参加重庆代表团审议时强调指出，领导干部要讲政德。政德是整个社会道德建设的风向标。立政德，就要明大德、守公德、严私德。明大德，就是要筑牢理想信念、锤炼坚强党性。守公德，就是要强化宗旨意识，全心全意为人民服务。严私德，就是要严格约束自己的操守和行为。真正做到危急时刻冲

---

① 《习近平关于全面从严治党论述摘编》，中央文献出版社2016年版，第33页。
② 《习近平总书记系列重要讲话读本》，人民出版社2016年版，第122页。

锋在前不退缩，利益面前清正廉洁讲奉献，才能得到群众的真心欢迎。中国共产党作为执政党，其党员干部的政德既反映着履行公共权力所必须遵行的职业道德规范，也内在地体现着党的性质、宗旨和使命的要求。党员干部道德品质的优劣，影响甚至决定党的执政能力高低，决定党的凝聚力、战斗力和影响力的强弱，对贯彻党的执政理念、落实党的执政要求、实现党的执政目标具有重要意义。习近平总书记将政德作为社会道德建设的方向标，深刻揭示了政德建设对于社会道德建设的决定性。党的十八大以来，经过全面从严治党的洗礼，我党的政德政风明显改善，绝大多数党员干部的面貌焕然一新。只有把党建设成为厚德载物的政党，才能够以巨大的道义感召力凝聚起中国人民为民族复兴而共同奋斗的磅礴力量。

二、严惩腐败行为，真正赢得民心

我党历来把党风廉政建设和反腐败斗争提到关系党和国家生死存亡的高度来认识。党的十八大以来，我党以反腐无禁区、零容忍、无终点的决心严惩党内腐败，猛药去疴、重典治乱，以刮骨疗毒、壮士断腕的勇气，打出一系列反腐"组合拳"，以前所未有的反腐力度，赢得了全党全社会的衷心赞誉和拥护。

（一）坚持反腐败无禁区，获得民众认同

禁区，从词义上来看，是指难于进入的地区或不准许触及的领域，或者因其地位的特殊而受到特殊保护的区域或领域。反腐败无禁区，是指法律面前人人平等，所有党员干部都必须在党纪和国法范围内活动，任何党员干部都没有超越法律的特权。在反腐问题上，无论官职有多高、权力有多大，只要触犯了党纪国法，必将受到严惩。在实践中，坚持"老虎""苍蝇"一起打，发现一起查处一起，发现多少查处多少。

坚持反腐败无禁区，体现了以习近平同志为核心的党中央坚持全面从严治党、励精图治的历史担当和政治勇气，体现了党中央坚定不移维护党的团结统一、坚定不移惩治腐败的坚强意志和坚决态度，体现了我们党坚持党纪

国法面前人人平等，任何人都没有超越法律的特权。党的十八大以来，反腐坚持"老虎苍蝇一起打"，从周永康、薄熙来、徐才厚、孙政才、郭伯雄、令计划、苏荣等一批高官因涉及贪腐被绳之以法，到严惩基层党员干部"微腐败""小官巨贪"，表明在反腐败的道路上，无论涉及谁，都要一查到底，党纪国法与腐败水火不容。

从"高压打虎"到"持续拍蝇"，都充分表明党中央坚持反腐败无禁区，法律面前无特权的坚定决心。坚持反腐败无禁区，也赢得了民众对党长期执政和中华民族伟大复兴的信心。

（二）坚持反腐败全覆盖，增强民众希望

反腐败全覆盖，是指实现对所有行使公权力的公职人员的全覆盖。体现了惩治腐败与预防腐败的统一，也就是说，既要以无禁区、零容忍的决心惩治腐败，又要通过对行使公权力的公职人员监察全覆盖，既要及时发现腐败行为，又要发挥震慑和预防腐败的目的。党的十八大以来，全面从严治党得到深入贯彻，党内监督得到有效加强，同时，国家监察体制改革，将监督"狭义政府"扩展为监督"广义政府"，也就是，将原来监察对象由行政机关及工作人员，扩展到所有行使公权力的公职人员，消除了监督空白和死角。

在具体落实反腐败全覆盖行动中，如巡察全覆盖，党的十八届六中全会通过的《中国共产党党内监督条例》明确要求：省、自治区、直辖市党委应当推动党的市（地、州、盟）和县（市、区、旗）委员会建立巡察制度。巡视与巡察仅有一字之差，其区别在于：巡视这把反腐利剑只能由中央、省级来开展实施；巡察就是百姓身边的巡视，更注重解决百姓身边的腐败。再如2017年中共中央办公厅下发的《关于市县党委建立巡察制度的意见》明确要求：市县党委在一届任期内实现巡察全覆盖。可见，巡察是针对发生在群众身边"微腐败"的治理，主要目标任务就是严肃查纠"小官巨贪"、侵吞挪用、克扣强占、吃拿卡要、与民争利等侵害群众利益的不正之风和腐败问题等民生重点，让广大群众有更多的获得感。巡视与巡察的相互结合，打通了反腐败的"最后一公里"。

实际上，在现实的贪腐案件中，"小官贪腐"占多数，且多发生在基层干

部、村干部身上。他们在公共权力运行的第一线，与民众互动最频繁，他们的贪腐直接损害了党和政府的形象，社会影响极坏。千里之堤，毁于蚁穴，针对有的基层党员干部借口公务活动"小吃小拿"，利用公权之便"小卡小要"，或趁生日节日铺张浪费、红白喜事等收受财物的"小问题"，中央采取早发现、早提醒、早纠正、早查处，对苗头性问题及时约谈或进行诫勉谈话等，以防止小问题演变成大问题。让咬耳朵、扯袖子、红红脸、出出汗成为常态。

（三）坚持对腐败零容忍，增强民众信心

零容忍，顾名思义就是零度容忍，不能容忍。主要指对社会上的某种现象不能容忍，必须制止。反腐零容忍，就是对腐败现象毫不忍受、毫不宽容，就是有腐必反、有贪必肃。对腐败分子，发现一个坚决查处一个；对腐败行为，发现一起坚决纠正一起；坚持"露头即打"，防止滋生蔓延。对腐败零容忍，是由我们党的性质和宗旨决定的。中国共产党作为中国人民和中华民族的先锋队，作为全心全意为人民服务的政党，决定了党与腐败行为是水火不容的。从1932年5月9日，中华苏维埃共和国枪决第一个腐败分子谢步升，到新中国成立初期严惩腐败分子刘青山、张子善，再到改革开放以来惩治100多名省部级贪官。事实充分表明，我们党始终坚持有腐必反，有贪必肃。对腐败零容忍，也是由腐败行为的严重危害性造成的。腐败是腐蚀党的肌体的毒瘤，危害人民利益，如果我们掉以轻心、任其泛滥，就会葬送我们的党，葬送我们的人民政权，葬送社会主义现代化事业，最终导致亡党亡国。对腐败零容忍，更是由当前反腐败的严峻形势决定的。尽管十八大以来党中央始终以高压态势反腐，但是仍有部分腐败分子以身试法。根据2018年1月中央纪委公布的数据，党的十八大以来的5年间，经党中央批准立案审查的省军级以上党员干部及其他中管干部440人。另外，2013年至2016年，全国各级检察机关共立案侦查各类职务犯罪人员208306人，其中厅局级以上干部2065人，前者与2008年至2012年之间的数量相当，后者则已超出一倍。这一方面说明我党反腐的决心和成绩，但也从另一方面透露出当前反腐败斗争形势的复杂严峻，不能有丝毫松懈。

以零容忍的姿态反腐，在实际行动中主要表现为：坚决"拍蝇"不手软，

"老虎"可恶，但"苍蝇"更影响党在群众当中的形象，中央反腐既不放过"老虎"，也不漏过"苍蝇"；既要坚决查处领导干部违纪违法案件，又要切实解决发生在群众身边的不正之风和腐败问题。2017年，全国查处群众身边腐败和作风问题12万余个，处理近16万人，其中，涉及扶贫领域腐败和作风问题4.87万个，处理6.45万人。凡是群众反映强烈的问题都要严肃认真对待，凡是损害群众利益的行为都要坚决纠正。中央对待基层腐败行为绝不手软的姿态赢得了民心。

坚决遏制"隐性腐败"。"隐性腐败"，顾名思义，就是隐蔽性强、难以查办的腐败犯罪行为。这种腐败方式尽管没有涉及金钱，但是通过帮助贿赂、性贿赂、信息贿赂、业绩贿赂、人情贿赂、替代行为贿赂、期权贿赂等多种形式的"隐性贿赂"，这种'换汤不换药'的腐败同样会对社会带来严重危害。但道高一尺，魔高一丈，无论腐败手法多么变化莫测，都难逃法律的制裁。

民众有无信心是检验反腐成效或成败与否的试金石。党的十八大以来，无论从数量上还是层次上，中央开展的反腐工作都是举世瞩目的。作为方向标的社会舆论，对待高压反腐，各种论调也是甚嚣尘下，有的将高压反腐视为"一阵风"，不是长久战略；有的将反腐败视为执政者的事，与民众无关；甚至还有的将其歪曲为政治权力斗争等。但当公款吃喝成为过去，当公车超配受到抑制，当巡视制度日益巩固，那些曾经被权力扭曲的权力观、群众观、价值观也在悄然发生变化。但当"道貌岸然"的腐败分子被撕下画皮时，当风清气正的社会风气立竿见影时，当通过反腐促使党政机关服务效率极大增强时，诸多怀疑反腐的论调也被逐一粉碎。以零容忍的姿态惩治腐败，表明了我党除恶务尽的韧劲。以毫不手软的方式"拍蝇"，更能让基层群众体会到我党反腐的决心，同时，针对群众身边的腐败的惩治，自然也会给群众带来最为直接的利益，增强了民众建设社会主义现代化的信心。

三、严格监督权力，真正用权于民

权力是控制资源、贯彻意志、影响客体的物质力量，是架构国家社会的立柱横梁。众所周知，凡是权力，都具有希望自由、嫌恶拘束的倾向。在社会主义国家中，正确行使权力，就能维护民众的利益；假若滥用权力，则会害民。西方学者孟德斯鸠认为："有权力的人们使用权力一直到遇到界限的地方才休止。"①马克思也曾尖锐地指出，高高在上的权力，是人类社会最容易滋生腐败的温床。习近平总书记指出，没有监督的权力必然导致腐败，这是一条铁律。正是基于对权力的深刻理解，党的十八大以来，我们党把权力关进制度笼子，确保权为民所立；坚持对党政领导干部不留死角的全面监督，确保权为民所用；抓住"关键少数"，杜绝滥用权力害民。

（一）把权力关进制度笼子，确保权为民所立

反腐败的核心是管住权力，而管住权力的根本目的是确保权为民所立。只有用制度治党、管权、治吏，才能让权力在阳光下运行，才能不辜负人民的期待，确保人民赋予的权力真正用于人民。在中国共产党第十八届中央纪律检查委员会第二次全体会议上，习近平总书记强调指出，要从权力源头上遏制腐败，要加强对权力运行的制约和监督，把权力关进制度的笼子里，形成不敢腐的惩戒机制、不能腐的防范机制、不易腐的保障机制。不敢腐、不能腐、不易腐，这就为"笼子"打造了三个层面的刚性之墙，彰显出源头反腐的理念，而不仅是着眼于打击腐败分子。当然，这里"笼子"的引申义为，对某一对象的束缚、约束、限制等；意在强调制度之"笼"对权力，尤其是对一切滥用的权力的约束和监督。把权力关进制度的笼子里，这些要被关进去的"权力"，指的是作为执政党及其政府以及各级官员手中拥有的公共权力，也就是人们所说的公权。把权力关进制度的笼子里，也是回归权力本质的必然要求。权力是人民赋予的，行使权力必须为人民服务、对人民负责并自觉接受人民监督，为政清廉才能取信于民，秉公用权才能赢得人心。

把权力关进制度笼子，前提是要搞清楚需要"管好谁的权力"，要搞清楚需要"管好谁的权力"，又要回答"用什么办法管住这些权力"。就"管好谁的权力"而言，所有行使公权力的公职人员都必须接受法律制度的监督，都必须在法律制度的范围内行使权力，任何人都不能有凌驾于法律制度的特权。也就是说，任何公职人员都要在法律授权范围内行使权力，列出"权力清单"

---

① （法）孟德斯鸠：《论法的精神》上册，商务印书馆1984年版，第154页。

和"责任清单"，要求所有公职人员必须在清单范围内行使权力，而且必须行使到位，否则是失职，超过就是越权。就"用什么办法管住这些权力"，也就是所谓的"笼子"问题，只有用"制度"管事、管权和管人，才能防止权力"任性"，肆意横行，导致腐败。正如党的十八届三中全会强调的，"坚持用制度管权管事管人，让人民监督权力，让权力在阳光下运行，是把权力关进制度笼子的根本之策。"①总结我们党的历史经验，只有运用法治思维和法治方式加强对权力的制约和监督，才能实现权力运行的法制化、规范化，才能保证权力沿着法制的轨道正确运行。

（二）不留死角的全面监督，确保权为民所用

不留死角的全面监督，就是要求党内监督要没有空白，不能有"真空地带"。党的十八届六中全会强调，监督是权力正确运行的根本保证，是加强和规范党内政治生活的重要举措。任何权力如果失去有效监督和制约，都有可能出现严重违纪和腐败问题。一方面，在我们社会主义国家，人民是国家的主人，是权力真正拥有者。中国共产党作为执政党是最广大人民根本利益的代表者，党员干部必须时刻清醒地认识到权为民所赋、利为民所谋。把人民群众置于心中的最高位置，把人民群众关切作为指向，以群众满意与否作为权力行使是否得当的重要标准，这是权力姓"公"的政治属性使然。另一方面，全面从严治党要求全面监督权力。坚持全面从严治党，必须强化对权力的全面监督。推进全面从严治党，是推进国家治理体系和治理能力现代化的必然要求，也是巩固党的执政基础、实现党的历史使命的重要保障。加强对权力的全面监督，是我们党确保始终成为坚强领导核心，不断取得革命、建设、改革胜利的保障。党的十八大以来，以习近平同志为核心的党中央推进全面从严治党，深入探索党长期执政条件下强化对党监督的有效方式，取得显著成绩。

不留死角的全面监督，就是使广大党员干部真正做到有权不移公仆心、有位更知责任重。党的十八大以来，在持续高压反腐的同时，党风廉政建设

---

① 《中国共产党第十八届中央委员会第三次全体会议公报》，《人民日报》2013年11月13日。

和反腐制度建设也在逐步推进，党内监督和其他监督的全面监督局面基本形成。其中，党内监督是重点，其他监督是保障。《中国共产党党内监督条例》的出台，标志着党中央统一领导、党委（党组）全面监督、纪律检查机关专责监督、党的工作部门职能监督、党的基层组织日常监督、党员民主监督的党内监督体系基本形成。中央统一领导，表明党内监督必须置于中央统一领导之下，党的中央委员会、中央政治局、中央政治局常务委员会全面领导党内监督工作，在主动开展监督和自觉接受监督上率先垂范、以上率下。党委（党组）全面监督，党委（党组）在同级各种组织中发挥总揽全局、协调各方的领导核心作用，在党内监督中负主体责任，书记是第一责任人，党委常委会委员（党组成员）和党委委员在职责范围内履行监督职责。纪律检查机关专责监督，各级纪委是党内监督的专责机关，履行监督执纪问责职责，要加强对所辖范围内党组织和领导干部遵守党章党规党纪、贯彻执行党的路线方针政策情况的监督检查，加强对同级党委特别是常委会委员、党的工作部门和直接领导的党组织、党的领导干部履行职责、行使权力情况的监督，并落实纪律检查工作双重领导体制，强化上级纪委对下级纪委的领导。党的工作部门职能监督，党的工作部门是党委（党组）主体责任在不同领域的载体和抓手，党委办公厅、组织部、宣传部、统战部、政法委等工作部门都承担着相应的党内监督职责。党的基层组织日常监督，党的基层组织是党在社会基层组织中的战斗堡垒，是党的全部工作和战斗力的基础。要严格党的组织生活，维护和执行党的纪律，监督党员切实履行义务，保障党员权利不受侵犯。党员民主监督，党员是党内生活的主体，要本着对党和人民事业高度负责的态度，积极行使党员权利，认真履行监督义务，对错误言行敢于较真、敢于斗争，加强对党的领导干部的民主监督。

在党内监督具体方式上，党的十八大以来，中央探索和发展了派驻监督、巡视监督、监察监督等多种形式。派驻监督，通过派驻中央一级党和国家部委纪检组，监督中央单位的党组织，实现了中央纪委派驻监督的全覆盖。巡视监督，巡视监督作为党内监督的重要方式，是党长期执政条件下强化自我监督、自我净化、自我纠偏的重要保证。2015年8月3日，开始施行的《中国共产党巡视工作条例》，将已有的先进经验制度化、固化。通过巡视制度，有针对性地点出重点地区、重点部门，重点事、重点人，使执纪问责的关口前移。监察监督，根据《监察法》，所有行使公权力的公职人员，都将处于国家监察的范围，由此实现了权力监督范围的全覆盖。这样就有效解决了检察机关查处职务犯罪的职能与党的纪律检查机关、行政监察机关职能交叉重叠问题。当然，国家监察委员会由全国人民代表大会产生，对全国人民代表大会及其常务委员会负责，并接受监督。以确保权力的行使置于人民的监督之下。

如果说党内监督是我们党内政治生活中的一种自我省察、自我净化，则其他形式的监督是我们党自觉引进和接受的一种外部审视、外力鞭策。比如，人大监督，人大是人民群众的"发声者"，监督权是宪法和法律赋予全国人大及其常委会的一项重要职权，包括法律监督、工作监督等。《中华人民共和国各级人民代表大会常务委员会监督法》明确规定，各级人大常委会行使监督"一府两院"的权力。只有让人民来监督政府，政府才不会懈怠；只有人人起来负责，才不会人亡政息。群众监督，是社会主义国家的一种最主要的监督方式。它是指公民个人和集体以及基层自治组织对行政机关及其工作人员的监督。党员干部的工作实不实、作风硬不硬、服务好不好、路线对不对，群众既是旁观者，也是身受者，他们最有发言权。通过群众监督，做到早发现病灶，早对症施治，以保证切实为群众服务。民主党派和无党派人士的监督，民主党派和无党派人士作为参政党，通过协商民主的方式推动改进党的领导方式和执政方式，保证党领导人民有效治理国家。根据民主党派和无党派人士提出的意见、批评、建议，党中央通过完善知情、沟通、反馈、落实等机制，创造条件发挥民主党派的监督作用。

近些年来，随着互联网的发展，党外监督又出现诸如"网络媒体监督"、新闻舆论监督、监督听证会等多种形式的监督。可以说，随着党内监督和其他监督形式的逐步完善，针对党员干部的监督之网越织越密，促进和鞭策党员干部养成权力在阳光下运行的习惯，真正做到老老实实做人、规规矩矩为官、踏踏实实干事。

（三）抓好"关键少数"，杜绝滥用权力害民

抓好"关键少数"是全面从严治党的重要抓手。这里的"关键少数"特

指党的各级领导干部，"关键少数"是领航者，抓好"关键少数"，才能发挥"头雁"效应。抓好"关键少数"，是历史和现实经验的总结。古人云："政者，正也，子帅以正，孰敢不正？"意思是说，领导者、执政者带头，下面的人自然就会跟上来。邓小平同志也曾指出，做思想政治工作也好，思想道德建设也好，党员干部都必须以身作则、率先垂范。抓好"关键少数"，才能抓住根本。

回眸党的十八大以来全面从严治党的伟大实践，我党抓好"关键少数"的举措主要是通过思想政治建设和法治建设并举的方式。习近平总书记强调，要坚持思想建党和制度治党紧密结合，使加强制度治党的过程成为加强思想建党的过程，也要使加强思想建党的过程成为加强制度治党的过程。只有把握好二者的辩证关系，同向发力、同时发力，才能形成"全面"的合力，发挥出"从严"的作用。思想政治建设方面，习近平总书记曾明确要求："高级干部必须时刻警醒自己，做到自重自省自警自励。"①针对党员领导干部的思想政治建设，提出要通过增强"四个意识"，不断提升党员领导干部的政治能力。要坚定理想信念，理想信念不坚定，精神上就会"缺钙"，就会得"软骨病"。要练就'金刚不坏之身'，用科学理论武装头脑，不断培植我们的精神家园。对领导干部特别是高级干部来说，要把系统掌握马克思主义基本理论作为看家本领。在法治建设方面，习近平总书记指出："对一把手的监督仍然是一个薄弱环节。由于监督缺位、监督乏力，少数一把手习惯了凌驾于组织之上、凌驾于班子集体之上。'权力导致腐败，绝对权力导致绝对腐败'。如果权力没有约束，结果必然是这样。"②为此，针对"关键少数"的权力制约和监督问题，制度建设的脚步不断加快，党内法规体系日趋完善，从严治吏越来越有规可循、有据可依。从出台《配偶已移居国（境）外的国家工作人员任职岗位管理办法》《推进领导干部能上能下若干规定（试行）》，到颁布《中国共产党问责条例》、修订《党委（党组）讨论决定干部任免事项守则》，再到党的十八届六中全会通过的《关于新形势下党内政治生活的若干准则》《中

---

① 王宁：《抓住"关键少数" 推进全面从严治党》，《人民日报》2017年2月13日。
② 习近平：《在第十八届中央纪律检查委员会第二次全体会议上的讲话》，《人民日报》2013年2月26日。

国共产党党内监督条例》等，一系列新举措、新探索，对"关键少数"管好用好身边的人，不断提升自身能力素质，防止出现搞"一言堂"、任人唯亲等倾向起到了切实有效的作用。可以说，党的十八大以来，党的各级干部在严明的纪律约束下，在严格的要求鞭策下，政治意识、大局意识、核心意识、看齐意识不断强化，队伍的纯洁性、战斗力不断提升，"关键少数"的关键作用正源源不断地释放出来。

后　记

　　本书是国家社科基金重大项目"中国共产党保持同人民群众血肉联系的理论和实践研究"（批准号为2017YXD02）的子课题"人民群众与全面从严治党"的结题成果。

　　本书坚持以习近平新时代中国特色社会主义思想为指导，坚持历史唯物主义的立场、观点和方法，紧密结合改革开放以来特别是党的十八大以来贯彻党的群众路线，全面从严治党的实践发展，立足于党与人民群众的血肉联系的深层思考，对人民群众与全面从严治党问题进行了系统全面的分析论述，呈现出理论整体性、经验总结性、问题导向性和目标任务明确性的特点。理论整体性，主要体现在以人民立场是党的根本政治立场为立足点，系统论述了人民群众与中国共产党产生、发展的密切联系，并论述了党与人民群众的紧密联系，体现了较强的理论整体性。经验总结性，主要是对党的十八大以来加强党的建设、全面从严治党的重大举措及其成效进行了总结性论述，并在此基础上探索性地提炼出基本经验，为进一步推进全面从严治党，加强党与人民群众的联系提供经验借鉴。问题导向性，主要是从党的十八大以来的世情、国情、党情变化的实际出发，深刻分析中国共产党在自身建设和执政发展中所面临的考验和风险，阐明了加强全面从严治党、提高党的执政能力、强化党与人民群众的联系、巩固其执政基础的重要性和必要性。目标任务明确性，主要是从新时代全面从严治党的新要求出发，从党的建设的主要内容，即政治建设、思想建设、组织建设、作风建设、纪律建设和制度建设与人民群众根本利益的紧密关系的论述中，提出了如何加强党的建设，如何在推进全面从严治党中强化党与人民群众的血肉联系，在新时代发展的背景下，如何构建新型党群关系的具体目标任务。

　　本书由陈跃负责研究提纲的拟订、修改，以及全书的统稿、定稿工作，具体写作分工是：第一章（陈跃）、第二章（靳玉军）、第三章（李俊斌、李娜）、第四章（蒙云龙）、第五章（孔卫英）、第六章（江亲祥、童晋）、第七章（张学亮、丁威）。

本书在编写过程中得到了项目首席专家王炳林教授的细心指导，他提出了很好的建设性意见，同时，吸收了马克思主义理论研究与建设工程专家提出的许多宝贵意见和建议，吸收和借鉴了国内外专家、学者部分相关研究成果，同时，西南大学图书馆、信息中心和政治与公共管理学院、马克思主义学院资料室为研究提供了大量信息和资料服务，政治与公共管理学院硕士研究生詹瑞雅、孙晓妍、吴润丰、曹忠苗、汪润敏、徐金檬等做了大量资料查阅和文献校对工作，在此一并表示衷心感谢！

作　者
2019年2月